LES CHEMINS DE L'IMPOSSIBLE

La grande peur de l'an 2000

HENRI KUBNICK

La grande peur de l'an 2000

Albin Michel
PARIS

22, rue Huyghens, 75014 Paris.

ISBN 2-226-00033-X

A Cassandre, qui avait le grand tort de voir juste...

Je remercie Marie-France Chabrerie qui m'a aidé à explorer dix mille et quelques années de prophéties de fins du monde.

H. K.

I.

Demain la fin du monde?

De tous les côtés on nous annonce la fin du monde. Les experts en prophéties anciennes qui savent interpréter les énigmes des Nostradamus de tous les temps, les prophètes d'aujourd'hui qui lisent notre avenir dans les astres, dans une boule de cristal ou dans le marc de café, sont unanimes : imminente est la catastrophe qui mettra fin à notre humanité. Les savants et les philosophes leur emboîtent le pas quand ils ne les précèdent pas ; ils nous démontrent par a + b que l'alpha a pratiquement rejoint l'oméga et que l'issue tragique est inévitable. L'impressionnante cohorte des sociologues, des manipulateurs de statistiques, des docteurs Tant Pis de l'économie, de l'écologie et de la politique abonde dans le même sens.

Les opinions divergent seulement sur la date de l'événement. Nous-mêmes y assisterons-nous — spectacle ultime avec participation totale et définitive des spectateurs — ou bien est-il réservé à nos enfants ou à nos arrière-petits-enfants ? Les réponses sont de la plus déroutante diversité.

L'an 2000, terme fatidique

L'an 2000 semble pour beaucoup le terme fatidique, le mur infranchissable contre lequel notre monde doit s'écraser pour être réduit en poussière. L'approche de cet an 2000 est ressenti par les « catastrophographes » avec un sentiment voisin de celui qui, à l'approche de l'an 1000, provoqua à travers l'Europe une véritable terreur d'Apocalypse. Une fois passé le cap de l'an 1000, la hantise de la fin du monde subsista, nous le verrons, jusqu'à la fin du Moyen Age et même au-delà. Retardée de siècle en siècle, l'échéance avait été peu à peu repoussée jusqu'en l'an 2000, une date dont l'éloignement était rassurant. A la fin du XIXe siècle, on avait même fini par oublier la menace prophétique ou, si l'on s'en souvenait, c'était pour en sourire avec la condescendance des esprits forts que n'atteignent pas les superstitions du vulgaire.

On entrait alors dans l'ère du progrès scientifique qui ouvrait aux yeux des hommes, émerveillés par l'étendue de leurs connaissances et de leurs pouvoirs, un horizon illimité de bonheurs nouveaux.

A l'époque de Jules Verne, l'an 2000 n'était plus considéré comme la limite extrême de l'existence de notre monde mais au contraire comme la période de plein épanouissement de l'humanité. En 2000, pensait-t-on, l'homme aurait cerné, dominé le progrès. Notre civilisation serait parvenue à un état de perfection industrielle, scientifique qui recréerait sur toute la surface du globe l'Age d'Or de la légende. Sur le plan spirituel, cette évolution ne présentait aucun problème. Tout devait merveilleusement s'enchaîner : le bonheur matériel entraînerait l'euphorie intérieure, la félicité totale, ce serait l'ère du bonheur idéal dans l'apothéose de la connaissance et de la technique.

Cette apothéose nous l'avons atteinte, ou à peu près, bien avant la date prévue. L'accélération, au cours des trente dernières années, de la physique nucléaire, de la chimie biologique, des progrès de l'automation et de toutes les techniques a largement dépassé tout ce que calculaient, imaginaient les anticipateurs les plus audacieux de 1900. Elle nous a menés, cette accélération, vers des sommets vertigineux, et l'humanité, effrayée de sa propre réussite, se demande si l'ascension va pouvoir continuer à ce rythme ou si tout ne va pas soudain basculer dans une chute encore plus vertigineuse.

Après avoir été, pendant plus d'un siècle, passionné par la révélation de sa supériorité dans tous les domaines, ébloui par ses succès, l'homme d'aujourd'hui revient peu à peu aux croyances niées ou ridiculisées par ses grands-parents. Il commence à considérer que l'an 2000 pourrait bien marquer non pas le commencement mais la fin de tout.

L'aventure du progrès

S'il en ressent une vive inquiétude, celle-ci ne l'incite d'ailleurs guère à la sagesse. L'homme a besoin d'aventure. Celle de la découverte du globe qui, pendant des siècles, a mobilisé l'énergie d'une foule d'explorateurs et la curiosité de leurs admirateurs, est désormais terminée. Celle de la découverte des autres planètes ne semble pas particulièrement enthousiasmante — une promenade sur la Lune est moins pittoresque qu'un safari au cœur de l'Afrique ou en Amazonie. L'aventure de la guerre a beaucoup perdu de sa valeur attractive : les joyeuses parties de campagne des stratèges qui jouaient aux échecs sur le terrain avec des collections de pièces vivantes, les charges épiques, les glorieux corps à corps de héros trempés de sueur et de sang, ont été tués par les armes téléguidées, par les massacres anonymes qui font plus de victimes chez les civils que chez les militaires et n'amusent plus personne.

Seule reste l'aventure du progrès : la découverte des mondes inconnus de la physique, de la chimie et de la biologie, la marche triomphale de la science devenue pour certains la seule religion vraie, la course au progrès matériel, la satisfaction de tous les désirs du corps et de l'esprit par la surconsommation... ou, éventuellement, à l'inverse, l'aventure de la négation de ce même progrès, de sa contestation aussi entière, aussi aveugle que son exaltation.

L'homme amoureux du progrès ressemble à cet automobiliste descendant d'une longue lignée de paysans qui, depuis l'aube des temps, ont marché au pas tranquille du bœuf ou à l'allure de la carriole, et qui, après avoir roulé lui-même longtemps dans des autos d'occasion, deux ou quatre chevaux poussives, se trouve brusquement au volant d'une voiture extraordinaire, d'un monstre grondant qui « monte » à 240 ou 280 à l'heure. Il appuie avec délice sur l'accélérateur, il sent sous son pied une réserve d'énergie illimitée, il fait corps avec cette machine prête à supprimer l'espace et le temps, il « est » cette machine. Sur un simple déclic de sa volonté, il se voit lancé à la vitesse d'une fusée, il est terrifié et en même temps grisé. Il sait que, n'ayant pas l'habitude d'un tel engin, il va peut-être percuter un mur, manquer un virage, perdre le contrôle de cette puissance fantastique, entrer en collision avec une file de voitures roulant en sens inverse, terminer sa course et sa vie dans un carnage horrible. Malgré tout, malgré la peur que lui inspire cette mécanique diabolique, il ne peut s'empêcher d'enfoncer l'accélérateur, de courir de plus en plus vite au-devant de la catastrophe.

C'est exactement le comportement de l'homme d'aujourd'hui cramponné au volant de ce prototype aux réactions imprévisibles : le progrès. Un progrès qui le dépasse et dont il veut profiter coûte que coûte, un progrès qu'il est incapable de maîtriser mais dont il continue de pousser l'accélération avec une superbe inconscience. Le progrès est un jouet merveilleux et rien n'empêchera l'homme, cet éternel enfant, de jouer, même si le jouet doit exploser entre ses mains.

D'autres mondes avant nous

Notre humanité a-t-elle été la seule à subir cette évolution : passages successifs d'une période mythique de crainte de la fin du monde à une période de certitude opposée, de confiance dans la destinée de l'homme omniscient, maître de la nature, suivie d'une accélération sans fin de l'omniscience et de l'omnipotence aboutissant à un retour vers le mythe primitif, à une crainte accrue de l'issue fatale ?

Ou bien cette évolution s'est-elle déjà produite dans un passé lointain ? Le monde que nous connaissons est-il le premier de ce genre ? Vient-il après d'autres mondes ? D'autres mondes qui auraient vu naître des civilisations comparables à la nôtre, peut-être même supérieures, et qui auraient été détruites à des époques bien antérieures à ce qu'on nomme les « temps historiques » ?

« Rien ne se perd, rien ne se crée », a déclaré Lavoisier. Si nous regardons autour de nous, nous constatons cependant que chaque élément de la création a une fin. Toute plante, tout animal plus ou moins organisé naît, vit et meurt. L'homme, comme toutes les autres créations organiques de la nature, est un subtil mécanisme conçu pour un temps d'existence défini. Il n'y a pas de plantes immortelles, il n'y a pas de loups, d'agneaux, de lions, de belettes ou de petits lapins immortels, il n'y a pas non plus d'hommes immortels — sauf à l'Académie française. Pourquoi le monde lui-même, ensemble de ces petites constructions diverses, si bien agencées, si bien définies, issues d'un ensemble d'interactions bio-physiques et chimiques qui ont pu se réaliser dans un milieu dont les composants ont été savamment dosés, pourquoi ce monde formé d'éléments qui tous ont une fin n'en aurait-il pas une lui-même ?

Et pourquoi n'aurait-il pas été précédé par d'autres mondes semblables qui, avant de disparaître, auraient laissé le germe de notre monde, comme la plante et l'animal mortels laissent la semence qui assurera la survivance de la race ?

La légende, l'histoire et la science nous enseignent que, depuis que la Terre a pris la forme longtemps discutée que nous lui connaissons, elle a été inondée par une succession de déluges d'eau ou de feu. De même que l'homme, dès l'instant de sa naissance, entame le processus qui le fera mourir à plus ou moins longue échéance, le commencement de l'univers n'a été en réalité que le commencement de la fin, d'une fin sans cesse recommencée. L'aventure millénaire de la création est une suite perpétuelle de destructions. Si l'on imagine la somme de cataclysmes que notre globe a subis depuis l'origine des temps, c'est miracle qu'il existe encore et que nous existions avec lui.

Traîtres et mécréants pour une fois d'accord

La fin du monde a été annoncée dès les temps les plus reculés à la fois par les prêtres de toutes les religions et par les mécréants. Les prêtres, agitant des visions d'Apocalypse, terrifiaient le troupeau des croyants, s'ingéniaient à le dégoûter des biens de cette terre et l'encourageaient à s'en débarrasser au profit des temples. Ils consolaient, rassuraient ensuite les cotisants en leur faisant espérer une autre vie en un monde meilleur.

Les mécréants qui refusaient la promesse de ce paradis incertain, qui se savaient mortels et ne croyaient à rien « après », se consolaient eux-mêmes en évoquant la fin du monde. Ainsi, après eux il n'y aurait plus rien. Et, dans le secret de leur cœur, pour la démonstration éclatante de la vérité de leur incroyance, ils souhaitaient effectivement qu'il n'y eût plus rien.

Peut-être même l'ont-ils « voulu ». Qui nous dit qu'aucun de ces pronostiqueurs de la fin n'a été à l'origine d'un de ces déluges d'eau ou de feu dont nous parlent les légendes, déluge qu'il aurait lui-même provoqué pour justifier ses propres prédictions ? Comme, de nos jours, un chef d'Etat délirant — et l'histoire nous prouve que cela se rencontre — pourrait, en déclenchant inconsidérément un dispositif de riposte nucléaire, déchaîner une conflagration mondiale qui détruirait tout ou partie de notre civilisation.

Aujourd'hui, aux prophéties d'inspiration religieuse, aux prédictions des mages de tout acabit s'ajoutent les prévisions fondées sur un diagnostic raisonné des scientifiques. Le problème de la fin du monde est, de tous ceux qui se posent à l'humanité, peut-être le plus actuel, en tout cas le plus crucial, le plus obsédant.

Des milliers de fins du monde

Mais, à vrai dire, qu'est-ce que la fin du monde ? Pour la plupart des êtres vivants, ce n'est pas toujours un anéantissement universel. Les plus grands cataclysmes ne sont pas ceux qui atteignent le plus durement les individus. Les centaines de milliers de morts du cyclone de 1970, au Bengale oriental, les 12 000 victimes du tremblement de terre d'Agadir en 1960, les deux millions de morts au combat ou victimes de la famine et des massacres au Biafra, s'ils ont ému l'opinion, ont causé moins de douleur chez bien des humains sensibles que la mort prématurée d'un petit chien familier ou d'un canari siffleur. Inversement, les incidents qui paraissent mineurs à ceux qui ne sont pas concernés sont des catastrophes pour ceux qui les subissent.

Pour l'insecte rampant, la fin du monde est la semelle qui l'écrase ; pour la fourmi, c'est la trombe d'eau qui noie et emporte la fourmilière ; pour les animaux domestiques, c'est l'abattoir ; pour ceux de la forêt c'est le feu qui ravage leur refuge et leur domaine nourricier. Pour le paysan, c'est le même incendie qui dévore sa ferme, ses biens, sa famille ; pour 100 000 personnes, c'est le tremblement de terre qui détruit leur ville ; pour une seule personne, c'est la perte de l'être aimé.

Pour chacun, la fin du monde est la catastrophe qui le touche directement, c'est la fin de son univers personnel. Il se produit ainsi chaque jour, à chaque seconde, à chaque niveau de la création, une multitude de petites fins du monde. Ce qui se passe à l'échelon de l'individu se passe à celui de l'agglomération, de la société, de l'espèce, de la civilisation... et ce sont des cascades, des vagues, des raz de marée de fins du monde d'ampleur croissante.

Pourront-elles atteindre une ampleur telle qu'elles parviendront à englober la totalité de notre monde ? Et si notre monde venait à disparaître entièrement cela affecterait-il l'ensemble de l'univers dont la Terre ne constitue qu'une infime partie, un grain de poussière perdu dans l'infini ?

Quand on parle de fin du monde, ne devrait-on pas plutôt dire la « fin d'un monde », en précisant bien de quel monde il s'agit ?

La saine philosophie des animaux

Ce sont là des questions que seul l'homme se pose. Les animaux se contentent de pressentir le danger lorsque celui-ci s'apprête à les menacer réellement. Ils en éprouvent instantanément une terreur salutaire qui les précipite dans une course folle vers la seule issue que leur indique leur instinct. Mais ils ne pensent pas à ce danger avant d'en avoir perçu les signes annonciateurs indiscutables, ils ne le prophétisent pas plusieurs mois ou plusieurs siècles à l'avance, ils n'éprouvent pas une terreur prémonitoire à l'idée qu'il pourrait éventuellement se produire. Une fois le danger passé, ils l'oublient. Les antilopes reviennent paître dans la même clairière où, un instant plus tôt, le lion a attaqué et dévoré une de leurs compagnes, semant une terreur indescriptible dans le troupeau. Elles sont calmes, heureuses, décontractées, comme si rien n'était advenu et elles n'imaginent pas que le même désagrément adviendra à l'une d'elles, le lendemain à la même heure.

A ce point de vue, les animaux que, si longtemps, on a dit dépourvus de raison, semblent infiniment plus raisonnables que l'homme. Ils ne se soucient pas de leur destin, ils n'ont pas de problème métaphysique. Cela ne gêne pas l'éléphant, le bœuf ou la puce qu'après eux il n'y ait rien. Ils n'y pensent même pas. Alors que cette idée ennuie prodigieusement l'homme, elle le torture, elle le diminue, le vexe. Que son importance se trouve soudain réduite à néant, c'est un affront qu'il lui est difficile de supporter. Ou alors, s'il doit disparaître, que tout disparaisse avec lui.

Et nous retrouvons les mécréants, promoteurs de fins du monde auxquels je faisais allusion plus haut.

⁂

Pour conclure ces préliminaires, la fin du monde est une notion essentiellement humaine et non pas divine, quoi que puissent prétendre les commentateurs des textes sacrés. Il est difficile d'admettre qu'un Créateur tout-puissant, tout connaissant et tout prévoyant, symbole de Toute Perfection et de Toute Infaillibilité, soit à ce point si peu satisfait de sa Création qu'il occupe son éternité à la défaire pour la refaire, et joue inlassablement au Notre Père Fouettard, sous le prétexte de châtier un microbe intenable appelé homme. En revanche, si on suppose que l'homme, dans sa prétention, a créé Dieu à son image, il est normal qu'il lui ait attribué sa propre idée de provoquer la fin du monde.

Et maintenant, avant de parler de ce qui nous attend dans un avenir plus ou moins rapproché, ou plus ou moins éloigné — façon plus rassurante d'exprimer la même idée — essayons de savoir qui, de l'homme ou de la nature, peut être considéré comme responsable des fins du monde qui se sont produites en des temps qui n'étaient sans doute pas meilleurs que le nôtre.

2.

Fins du monde d'avant le début de celui-ci

« Quand l'étoile de Bal tomba sur le lieu qui n'est maintenant que ciel et mer, les sept villes avec leurs portes d'or et leurs temples transparents frémirent et furent secouées comme des feuilles dans la tempête ; et un déluge de feu et de fumée s'éleva des palais. Les cris de la multitude montaient dans les airs. Le peuple cherchait un refuge dans ses temples et ses citadelles, et le sage Mû — le Ra Mû hiératique — se dressa et lui dit : " N'avais-je pas prédit cela ? " Et les femmes et les hommes dans leurs beaux vêtements brillants brodés de pierreries se lamentaient : " Mû sauve-nous ! " et Mû répliqua : " Vous allez tous mourir avec vos serviteurs et vos richesses, et de vos cendres de nouvelles nations surgiront. Et si elles oublient qu'elles sont supérieures non à cause de ce qu'elles se mettent sur le dos mais à cause de ce qu'elles font, le même sort leur sera réservé ". Les flammes et la fumée étouffèrent les paroles de Mû ; la terre et tous ses habitants furent mis en pièces et engloutis dans les flots. »

Ce passage d'un document découvert dans un vieux temple bouddhique de Lhassa par Heinrich Schliemann — cet ancien commis épicier épris d'archéologie qui retrouva les ruines de Troie — raconte comment fut anéantie la Terre de Mû, le premier continent habité par l'homme et où se serait développée, bien avant les temps historiques, une civilisation supérieure à la nôtre.

Il y a 12 500 ans

Les choses avaient commencé, selon un autre document, un livre maya du Yucatan, « dans l'année 6 Kan, le 11 Muluc du mois de Zac ». Une série de tremblements de terre et d'éruptions volcaniques terrifia la population, transforma villes et campagnes en brasiers fumants. Les secousses, les explosions se succédèrent jusqu'au « 13 Chuen » et finalement un raz de marée gigantesque balaya le tout, des vagues hautes comme des montagnes submergèrent le continent qui s'effondra, aspiré par les abîmes sous-marins.

Pour parler un langage moins précis, moins chantant mais plus clair que « le 11 Muluc du mois de Zac de l'année 6 Kan », cette première fin du monde se serait produite il y a environ 12 500 ans, alors que la plupart des historiens estiment que l'apparition de civilisations organisées ne remonte guère au-delà de 5 000 à 5 500 ans.

La catastrophe aurait peut-être été provoquée par une collision entre la Terre et l'astre que le document de Lhassa nomme l' « étoile de Bal ». Bal est un mot maya qui signifie « seigneur des champs ». Cette étoile du seigneur serait-elle l'étoile du Berger, donc la planète Vénus ? Ou bien serait-ce la Lune ?

Le jeu de la légende et de la vérité

Schliemann pensait que le continent Mû était la légendaire Atlantide mais il semble que ces deux continents n'aient aucun lien entre eux sinon d'avoir disparu dans des conditions peut-être semblables. L'existence de l'un et de l'autre est d'ailleurs controversée par les saints Thomas de la protohistoire qui considèrent comme rêveries, divagations ou allégories prêchi-prêchantes, tout ce qui est rapporté dans les livres sacrés et les légendes héroïques. Or les légendes étaient à l'origine des vérités qui ont subi l'érosion du temps et les fluctuations de la mémoire. Elles ont pu être enjolivées ou dramatisées suivant l'humeur des conteurs, elles n'en conservent pas moins la valeur d'un témoignage. Pourquoi ne leur accorderait-on pas au moins le même crédit qu'à n'importe quel autre témoignage humain écrit ou oral, nécessairement subjectif donc déformé, entaché d'erreur, mais qui contient toujours une vérité : celle à laquelle on croit ou celle à laquelle on veut faire croire ? « La vérité flâne toujours derrière le mensonge » disent les Espagnols.

Quant aux savants qui refusent les légendes « parce qu'elles ne prouvent rien », ne leur arrive-t-il jamais de refuser, même avec preuves à l'appui, les découvertes de leurs collègues et rivaux qui dérangent leur propre conception de la vérité ? Galilée, Ambroise Paré, Lavoisier, Cuvier, Pasteur et bien d'autres ont su ce qu'il en coûtait de faire cavalier seul et de ne pas se couler dans le moule collectif des idées reçues de leur époque.

D'autre part, pendant plus de deux mille ans, Troie a été considérée comme une ville de légende jusqu'au moment où Schliemann prouva qu'elle avait réellement existé, ce qui ne fut pas admis sans protestation par les savants qui, cette fois, basaient leurs certitudes sur la mythologie si décriée — sauf quand elle vient à l'appui d'une de leurs théories.

Inversement les villes d'Herculanum et de Pompéi, ensevelies en l'an 79 sous les cendres du Vésuve, furent effacées en même temps de la mémoire des hommes. Personne ne se souvenait qu'elles avaient existé quand, en 1748, un paysan exhuma par hasard quelques statues qui excitèrent la curiosité des archéologues et des historiens ; des fouilles furent entreprises et mirent au jour les deux cités que l'histoire avait oubliées et dont ne parlait aucune légende.

Dans la marmite du temps où bouillonnent pêle-mêle les souvenirs oubliés ou déformés par l'âge, les réalités travesties en rêve ou les rêves pris pour des réalités, les vérités d'hier devenues mensonges d'aujourd'hui et vice versa, il arrive souvent, comme dit le proverbe persan, qu'« un cheveu sépare le faux du vrai ».

Un colonel anglais sur les traces des premiers hommes

Pour en revenir à Mû, le découvreur de ce continent disparu fut l'Anglais James Churchward, colonel par devoir, archéologue par passion qui, au cours d'une mission aux Indes, découvrit des tablettes relatant l'histoire de la mère patrie de l'Homme. Ces tablettes avaient été gravées par des Naachals, membres d'une peuplade mystérieuse qui, il y a plusieurs milliers d'années, aurait colonisé la vallée de l'Indus. Pendant cinquante ans, le colonel Churchward, dont le nom peut signifier à la fois « sentinelle » et « protégé de l'Eglise », se livra « à des enquêtes, des recherches et des explorations afin de découvrir que les récits portés sur ces tablettes étaient authentiques [1]».

Ayant consacré à cette pieuse besogne la presque totalité de sa carrière militaire et une bonne partie de sa retraite, il concluait : « Je n'en ai pas trouvé une seule en flagrant délit de mensonge. » Faisons confiance à sa bonne foi.

Selon le colonel Churchward, Mû, l'Empire du Soleil, que les anciens nommaient aussi le Pays des Collines de Terre ou le Pays de Kui (Pays des Ames immortelles), aurait été le véritable paradis terrestre. Les Naachals (Frères Sacrés) étaient des sortes de missionnaires envoyés aux Indes, au Mexique, peut-être aussi en Perse, en Egypte, pour y enseigner la religion et les sciences de la mère patrie. Des tablettes analogues à celles trouvées aux Indes ont été découvertes au Mexique. En outre, les ruines d'anciens temples, les statues géantes, pyramides et monuments monolithiques qui ornent de nombreuses îles du Pacifique (les statues colossales de l'île de Pâques, la cité cyclopéenne de Ponapé, aux îles Carolines...) sont les vestiges évidents d'une civilisation qui se serait épanouie dans les Mers du Sud.

Au Mexique, une inscription d'un temple de la presqu'île du Yucatan commémore la destruction de Mû, les Terres de l'Ouest « d'où sont venus nos mystères sacrés ». Non loin de Mexico, une pyramide a été élevée pour rappeler la destruction de ces mêmes Terres de l'Ouest.

1. *Mû, le continent perdu,* J'ai lu.

Enfin, si Cortez put, avec une poignée d'hommes, s'emparer si facilement du puissant empire aztèque, c'est parce que, depuis de longs siècles, la tradition populaire au Mexique annonçait le retour du dieu blanc Quetzalcoatl qui, venu autrefois de l'ouest, avait été chassé par un dieu rival, s'était embarqué sur la mer de l'est et avait promis à ses fidèles de revenir s'occuper de leur salut. Cortez avait été pris pour ce dieu légendaire et accueilli comme tel. Sa façon de s'occuper du salut de son peuple en le massacrant, sa cruauté, son cynisme, son avidité n'étonnèrent personne : de la part d'un dieu on s'attend à tout.

Le jardin d'Eden

Le continent Mû s'étendait entre l'Asie, l'Australie et l'Amérique, sur la plus grande partie du Pacifique sud. Le paysage de ce jardin d'Eden offrait toutes les richesses de la flore tropicale tempérée par l'art des jardiniers. Ce n'étaient que plaines fleuries, doux vallonnements que sillonnaient d'innombrables cours d'eau. Les habitants, au nombre de 64 millions — admirons la précision des auteurs des tablettes —, ignoraient la maladie et les infirmités qui accablent les humains, ils pouvaient vivre indéfiniment : quand ils étaient fatigués de leur enveloppe corporelle, ils avaient la faculté de faire passer leur esprit dans le corps d'un nouveau-né, ce qui leur permettait de mener plusieurs existences sous des aspects différents. Ils logeaient dans des demeures plaisantes, construisaient des temples et des palais en blocs de pierre taillée qu'ils savaient manœuvrer aisément en utilisant la force vitale secrète, les procédés d'anti-gravitation qui permettent de supprimer la pesanteur. De la même façon, ils déplaçaient à volonté les statues géantes qu'ils sculptaient dans les rochers.

La plupart de ces bâtisseurs initiés — peut-être lointains ancêtres des francs-maçons, les vrais, pas les ronds-de-cuir des loges de quartier — étaient de race blanche. Ils étaient groupés en dix tribus gouvernées par un chef unique, à la fois grand prêtre et empereur, baptisé Ra Mû, ou Ra, tout court, « le soleil », nom que devaient par la suite adopter les Egyptiens pour désigner un de leurs principaux dieux.

Les habitants de l'Empire du Soleil étaient de grands navigateurs. Il y a plus de 50 000 ans, ils parcouraient les océans, fondant des colonies partout dans le monde et répandant les bienfaits de leur civilisation.

La principale de ces colonies fut l'empire Uighur, dont la capitale et la plus riche province se trouvaient à l'emplacement de l'actuel désert de Gobi. Si ces colonies échappèrent au cataclysme qui détruisit la mère patrie, elles devaient à leur tour se trouver pour la plupart anéanties par d'autres « fins du monde », quelques milliers d'années plus tard. Les Uighurs sont les ancêtres des Aryens qui allaient essaimer de la Sibérie à l'Europe occidentale et jusqu'aux Indes. Si bien qu'il n'y a guère de régions d'Europe ou d'Asie où l'on ne respire aujourd'hui encore un petit air de Mû.

Ajoutons qu'un grand nombre de symboles spirituels que l'humanité s'est transmis au cours des âges seraient originaires de Mû : la croix grecque, le svastika, la croix de Malte, etc.

Plongée vers la sauvagerie

La fin de la mère patrie de l'Homme avait été annoncée par le Ra Mû, grand prêtre empereur et prophète. « N'avais-je pas prédit cela ? » dit-il à ses sujets avant de sombrer avec eux. Ceux qui avaient cru à la prédiction avaient pris la fuite pendant qu'il en était encore temps et gagné l'Asie ou l'Amérique. Les autres périrent presque tous. Quelques-uns parvinrent à échapper au désastre et durent regretter de ne pas avoir péri. Ils se retrouvèrent, accrochés à des épaves ou entassés sur de maigres récifs émergeant de l'eau. L'océan autour d'eux s'était calmé, il était devenu celui que plus tard des navigateurs espagnols pleins d'illusions baptiseraient le « Pacifique ». Mais des nuages de fumée et de cendre obscurcissaient toujours le ciel. Dans cette nuit interminable, un grand nombre des naufragés de Mû moururent de faim et de froid. Lorsque le soleil revint, les derniers survivants étaient méconnaissables. Les superbes habitants du paradis terrestre étaient devenus des êtres livides, sales, décharnés, que la terreur et la faim avaient rendus à demi fous ou complètement stupides. Pour subsister ils durent se nourrir des cadavres de leurs compagnons morts. Comme ceux-ci se raréfiaient alors que l'appétit des vivants augmentait au fur et à mesure que les forces leur revenaient, ils apprirent à s'entretuer pour se procurer de l'aliment frais.

Ainsi naquit le cannibalisme dans les futures petites îles où, 12 500 ans plus tard, des savants et techniciens appartenant à d'autres peuples très évolués allaient expérimenter le trésor de leur civilisation : la bombe atomique.

Sommes-nous au bord de la même plongée ?

Cette première fin du monde présente déjà les caractéristiques de toutes celles qui sans doute nous attendent : la prédiction à laquelle on ne croit pas ; le cataclysme, présenté comme un châtiment divin qui surprend par sa soudaineté bien qu'il ait été depuis longtemps annoncé ; enfin, pour les survivants, une brusque plongée jusqu'à l'état de sauvagerie. Ce qui tendrait à démontrer que la sauvagerie n'est pas comme on le croit généralement un état primitif, l'expression d'une animalité naturelle. Elle serait au contraire l'aboutissement logique d'une civilisation très avancée.

Cela est illustré par l'aventure récente de ces rescapés d'un avion chilien tombé dans les Andes qui ne survécurent qu'en se partageant les corps conservés dans la neige des autres passagers victimes de l'accident.

L'acte de cannibalisme de ces jeunes gens de bonnes familles, sportifs, membres d'une équipe de rugby et tous élèves du même collège religieux, a été approuvé par les autorités civiles, par l'Eglise, et aussi par le public en général.

Seuls des gens de modeste condition ont émis une réserve timide en déclarant : « A leur place, des pauvres n'auraient pas osé. » Phrase significative : c'est une opinion souvent admise que les bienfaits de la civilisation sont uniquement réservés aux riches.

Si la naissance de la sauvagerie marque la fin d'un monde, il se pourrait bien que l'explosion de violence qui secoue tous les peuples de la Terre en cette seconde moitié du XXe siècle fût un signe prémonitoire.

Mais n'anticipons pas, nous ne sommes pas encore parvenus à l'aurore de notre civilisation.

Une marée de 4000 mètres et des géants légers

L'histoire des mondes disparus est un tonneau des Danaïdes. Au moment où l'on croit toucher le fond, celui-ci recule, dévoilant une perspective nouvelle où l'œil se perd et l'esprit risque de se noyer.

Ebranlés par les arguments que le colonel Churchward nous a assenés en plusieurs gros volumes — chez beaucoup de militaires la retraite se manifeste par une vive offensive de plume — nous avons admis que les premiers hommes, des êtres supérieurement intelligents, à peu près immortels, vécurent il y a plus de 50 000 ans dans le Pacifique sud et furent les pionniers de toute civilisation.

A peine sommes-nous installés dans cette vérité qu'une autre découverte remet tout en question. A Tiahuanaco, dans les Andes, au bord du lac Titicaca, des morceaux de digues, de canaux et de bassins attestent l'existence d'un très ancien port, ce qui au bord d'un lac n'a rien d'anormal. Le sol, autour de ces débris, renferme des coquillages marins, ce qui est plus insolite car Tiahuanaco se trouve à près de 4 000 mètres au-dessus du niveau de la mer... et ces coquillages s'étendent en ligne continue à cette même altitude sur une distance d'environ 700 kilomètres.

L'explication de ce mystère ? Très simple. Il y a 300 000 ans, la Lune d'alors — car plusieurs lunes se seraient succédé autour de la Terre — se trouvait beaucoup plus près de notre globe que la Lune actuelle, sa force d'attraction s'exerçait d'une façon infiniment plus énergique et « aspirait » les océans, les maintenait dans un état de marée haute permanente. En raison de la diminution de la pesanteur, la flore et la faune des hauts plateaux de la Cordillère croissaient de façon accélérée. Les plantes, les animaux et les hommes atteignaient des tailles considérables. Les ancêtres géants de l'humanité édifiaient des cités monumentales en jonglant avec d'énormes rochers comme avec les pièces d'un jeu de construction. Leur cerveau s'était développé en même temps que leur corps et ces géants dont les légendes parlent avec admiration créèrent la première civilisation du monde. C'étaient les Atlantes et leur domaine élevé était l'Atlantide.

Titans bienfaisants et Ogres cannibales

Cependant la Lune continuait de se rapprocher de la Terre, elle finit par s'écraser sur elle. La collision épargna les Andes qui restèrent intactes pour le bonheur des archéologues futurs. Elle se produisit vraisemblablement sur l'hémisphère nord : une masse énorme de matière minérale s'abattit sur le sol, recouvrant des forêts entières et toute leur faune qui furent fossilisées. En même temps les océans, ne subissant plus l'attraction de la Lune, retombèrent brusquement au niveau zéro, provoquant de formidables raz de marée qui ravagèrent le reste de la planète. Ce fut une fin du monde variée et spectaculaire.

Les Atlantes qui avaient été épargnés par le cataclysme durent abandonner leurs montagnes où l'air raréfié ne leur permettait plus de vivre, ils s'établirent sur les terres que les eaux avaient libérées et fondèrent la seconde Atlantide qui s'étendait cette fois entre l'Amérique et l'Afrique. Soumis désormais à la pesanteur, ils éprouvèrent plus de peine à se mouvoir, leur résistance physique diminua, leur taille également, leur cerveau se retrécit, ils devinrent bornés, maladroits, méchants. Quand ils rencontrèrent des hommes de plus petite taille, rescapés des régions où la Lune avait eu moins d'influence, ils les attaquèrent pour les dévorer — le processus habituel civilisation-sauvagerie.

Les bons Atlantes, les Titans éclairés et bienfaisants étaient devenus les Samsons et les Goliaths de la Bible, les Ogres des légendes, contre lesquels auraient à se défendre les petits Davids et les Petits Poucets.

Hoerbiger et son festival de Lunes

Cette théorie des Lunes successives tombant sur la Terre — celle des Atlantes était la troisième — avait été imaginée vers 1913 par un Autrichien illuminé, Hans Hoerbiger, que l'on avait pris alors pour un plaisantin. A partir de 1925, Hoerbiger, partisan des nazis, avait profité de la montée vers le pouvoir de son compatriote Hitler pour faire imposer officiellement ses doctrines scientifiques que les savants s'obstinaient à ne pas reconnaître. Si son système bousculait un peu les lois des mathématiques ou de l'astronomie, Hoerbiger avait la manière de recruter et de convaincre des disciples, ce qui est aussi une science.

Selon une autre théorie souvent admise, la Cordillère

des Andes où l'on rencontre encore de nombreux volcans en activité se serait élevée à plus de 7 000 mètres d'altitude à la suite d'un plissement de l'écorce terrestre, à une époque relativement récente, il y a 10 000 ans environ. Il n'y a rien d'étonnant à ce qu'un port maritime se soit alors trouvé brusquement perché à 4 000 mètres au-dessus du niveau habituel de l'océan et que ses habitants, ne s'accoutumant pas à vivre à cette altitude, soient descendus vers des vallées moins déprimantes.

Une telle théorie n'est pas en contradiction avec l'hypothèse des chutes des lunes successives qui auraient ébranlé la Terre et influé sur la pesanteur, donc sur le comportement biologique et psychique de nos géants.

Le malaise que les hommes durent éprouver pendant des millénaires en pensant qu'à chaque moment la Lune menaçait de s'écraser sur eux, explique et justifie la croyance de nos aïeux gaulois qui ne craignaient rien au monde sauf « de voir le ciel leur tomber sur la tête ».

Notre Lune actuelle serait le quatrième satellite que la Terre aurait capté dans l'espace. Les optimistes prétendent qu'il n'y a pas de danger qu'elle vienne s'écraser sur nous : elle est dix fois plus éloignée de la Terre que la Lune de la première Atlantide et elle aurait tendance à s'éloigner encore davantage. Les pessimistes pensent qu'elle aurait au contraire tendance à se rapprocher... L'avenir dira — à ceux qui seront là pour l'entendre — qui a raison.

Cet Age d'Or où la Terre se tenait droite

L'axe de la Terre, comme nous le montrent tous les globes terrestres de bureaux, de salons ou de salles de classe, l'axe autour duquel tourne la Terre n'est pas vertical, il est oblique, incliné sur le plan de l'écliptique.

Il fut un temps où la Terre se tenait « droite » et évoluait ainsi dans l'espace exposant de la même façon toutes ses faces et coutures aux rayons du soleil. Il n'y avait alors qu'une seule saison, le froid était inconnu, une même chaleur enveloppait toutes les parties du globe, favorisant une abondante végétation du type tropical. C'était l'âge du Soleil fécondant la Terre, l'Age d'Or de l'humanité. Les animaux étaient des mastodontes herbivores et les humains également des géants mais moins évolués intellectuellement que ceux des Andes, ceci en raison de la température.

La chaleur uniforme, l'ambiance de serre qui active la végétation et la vie animale freine au contraire le développement de l'esprit. Le ralentissement des facultés intellectuelles des Européens vivant dans les pays chauds est un phénomène connu. A l'époque « colonialiste », les fonctionnaires envoyés dans les comptoirs d'Afrique ou d'Extrême-Orient devaient revenir fréquemment se plonger dans la fraîcheur revigorante de la métropole pour y refaire une santé physique et surtout mentale.

Un Tarzan au cerveau vide

Au temps de la Terre verticale qui se situe bien avant l'époque de la première Atlantide, l'homme était une créature de haute taille, superbement proportionnée, d'une force et d'une habileté physiques extraordinaires, c'était un Tarzan magnifique et imbécile. Et, disent les chantres de l'Age d'Or, il était parfaitement heureux — sans doute parce que parfaitement imbécile.

Le Danois Frédéric Klee qui, vers 1840, fut un des premiers à émettre l'hypothèse de la « Terre droite », pense que son inclinaison aurait été décidée par Dieu qui, après avoir réfléchi sur sa Création, se serait rendu compte qu'en faisant pencher l'axe de la Terre il romprait la monotonie du paysage en déclenchant le mécanisme des saisons. En outre, par le rafraîchissement du climat de certaines zones de peuplement, il allait permettre aux cerveaux liquéfiés des humains de se raffermir et de commencer leur évolution.

Cette ingénieuse explication présente une petite faille. Le déplacement de l'axe de la Terre, entraînant celui du centre de gravité, fit basculer les continents et surtout les océans, provoquant une succession de raz de marée, d'ébranlements et de cassures de l'écorce terrestre, bref un des plus épouvantables cataclysmes de tous les temps. Il est assez étrange que le Créateur qui, par essence, ne manque pas d'idées et sait prévoir les conséquences de ses actes, ait pu déchaîner un tel festival de catastrophes uniquement pour donner un coup de pouce à sa création.

Si un déplacement de l'axe de rotation de la Terre s'est produit, il est plus naturel de penser que c'est à la suite d'une collision d'une planète et d'un astéroïde géant venu couper sa route : peut-être une des fameuses Lunes tombantes d'Hoerbiger ?

Cet accident planétaire aurait pu avoir, entre autres conséquences, la disparition de deux continents dont parlent également les légendes : Hyperborée et le Gondwana.

Hyperborée ou le royaume de Thulé

L'exploration du sous-sol du Spitzberg et du Groenland a permis de découvrir des restes de plantes et d'animaux fossilisés qui indiquent que ces régions aujourd'hui enfouies sous les glaces étaient autrefois couvertes d'épaisses forêts, de fougères géantes, de plantations de palmiers, de figuiers, de magnolias. On y rencontrait uniquement des animaux des pays chauds, de même en Sibérie, au nord de l'Alaska. Sur toutes ces terres polaires et aussi sur une grande partie de l'Europe régnait alors un climat tropical.

Les récits antiques décrivent un continent du grand nord qui aurait été habité par des hommes de race blanche d'une haute culture, doués de clairvoyance et experts en magie, ce qui leur permettait d'exercer leur domination sur l'ensemble du monde. Les Grecs avaient baptisé ce continent l'Hyperborée parce qu'il se situait au-delà des régions d'où venait Borée, le vent du nord. Sa capitale était Thulé qui se trouvait, pense-t-on, à l'emplacement de l'Islande.

Dans l'hémisphère sud, un autre continent qui faisait en quelque sorte pendant à l'Hyperborée, occupait l'Antarctique, rejoignait l'Amérique du Sud d'une part, l'Afrique et Madagascar de l'autre : c'était le Gondwana ou Lémurie, à ne pas confondre avec Mû, le continent du Pacifique.

Les Lémuriens ont laissé dans les récits et légendes beaucoup moins de traces que les Hyperboréens. On peut supposer qu'ils étaient moins nombreux, moins brillants. Ils ne se manifestaient sans doute pas, dans le monde vivant, avec plus d'éclat que leurs frères inférieurs, le maki ou le aye-aye de Madagascar à qui on a donné leur nom : lémuriens.

Après avoir été ébranlés par la chute de la Lune ou par quelque autre secousse cosmique, les deux continents furent morcelés et, à la suite du refroidissement des pôles provoqué par le déplacement de l'axe de la Terre, ils disparurent presque entièrement sous les glaces.

Les Lapons, descendants des chasseurs du Périgord

On peut imaginer que tout cela ne se fit pas sans un certain nombre d'oscillations de la grosse boule tournoyant dans l'espace. Ces oscillations entraînèrent des écarts de température responsables des différentes périodes glaciaires qui, à plusieurs reprises, modifièrent le relief, la végétation et le peuplement d'une partie de l'Europe.

En ce temps-là, l'Angleterre disparaissait sous une épaisseur de près de 200 mètres de glace et des troupeaux de rennes prospéraient dans les plaines enneigées du Périgord. On en retrouve le souvenir sur les parois des grottes de Dordogne.

A la fin de l' « âge du renne », lorsque le climat devint plus tempéré, ces troupeaux émigrèrent vers le nord et leurs chasseurs les suivirent. Si bien que les Lapons actuels sont peut-être d'authentiques Périgourdins, descendants directs de l'homme de Cro-Magnon.

Les pays des hommes transparents

Au IVe siècle avant J.-C. le navigateur marseillais Pythéas partit vers le nord à la recherche de Thulé, longea les côtes de la Gaule, dépassa les îles Britanniques et se heurta à la banquise « à cet endroit où le ciel rejoint la terre et où règnent alternativement une lumière et une obscurité interminables ». Il fit demi-tour, persuadé d'avoir atteint les limites du monde terrestre et la barrière infranchissable qui sépare celui-ci du séjour des dieux.

En effet, dans les mythologies grecque et latine, Hyperborée était la patrie de Léto ou Latone, la mère d'Apollon. Le dieu des arts, de la médecine, de la divination et de la lumière serait venu de Thulé pour apporter aux hommes les connaissances que les divinités consentaient à leur communiquer. Il n'est pas impossible que, 2 000 ans avant Pythéas, d'autres navigateurs grecs se soient aventurés dans ces régions et que leurs croisières périlleuses aient inspiré l'Odyssée contée par l'association de poètes qui signaient Homère. Dans ce cas, l'île de la nymphe Calypso aurait pu être l'Irlande et l'île de la magicienne Circé, l'Islande ou Jan Mayen.

Quant au récit que Pythéas fit de son voyage, il permit d'enjoliver la légende d'Hyperborée. A la veillée, les marins marseillais et autres décrivaient ce pays mystérieux comme une île chaude et verdoyante protégée par une ceinture de montagnes de glace et où vivaient des créatures merveilleuses presque transparentes.

Pour les tenants de l'hypothèse de supercivilisés — extra-terrestres ou surhommes antédiluviens — qui auraient transmis leur savoir aux peuples privilégiés de l'antiquité,

Apollon serait un Hyperboréen qui, au moment de la destruction de Thulé, aurait réussi à s'échapper à bord d'un engin style char solaire ou soucoupe volante. Il aurait été un des initiateurs des premières civilisations de Mycènes, de Memphis ou de Sumer.

Pour ceux qui ne croient pas en un Apollon servi sur soucoupe volante, les Hyperboréens seraient tout bonnement les ancêtres des Celtes qui ont étendu leur influence non seulement sur l'ensemble de l'Europe et de l'Asie Mineure mais encore jusqu'en Amérique et en Polynésie. Le résultat est à peu près identique.

La Lune sur la Terre ou la Terre sur la Lune ?

Dans la grisante fumée des mythes où les imaginations des partisans des théories les plus contradictoires vagabondent avec entrain, il est difficile d'établir une chronologie. Les premiers Atlantes des Andes étaient-ils contemporains des Hyperboréens et des Lémuriens, ou bien vécurent-ils quelques dizaines ou centaines de milliers d'années plus tôt, ou au contraire les Hyperboréens furent-ils les super-ancêtres de toute civilisation ? Et à quelle époque précise doit-on situer, dans ce festival de créations et de disparitions successives, l'apothéose puis l'engloutissement de Mû, la mère patrie de l'homme ?

Je laisse aux manipulateurs de mystères, aux déchiffreurs de l'inconnu qui jonglent avec les continents et les siècles, comme les manœuvres sans spécialité de la terre de Mû ou les Andes jonglaient avec des blocs de rocher et des statues de 40 à 60 tonnes, le soin de donner des dates qui seront d'ailleurs aussitôt contestées par d'autres chercheurs aussi sincères munis d'autres dates tout aussi contestables. A moins qu'un mieux informé ne vienne certifier que rien de tout cela n'a existé mais qu'aux dernières nouvelles, la première civilisation du monde est née sur la Lune, sur une de ces Lunes antérieures avec lesquelles la Terre a eu de brèves mais retentissantes rencontres. En se cognant à nous, cette Lune aurait été, par la violence du choc, dépiautée de toute son écorce qui serait restée accrochée à la Terre. Elle aurait continué sa route dans l'espace, nue comme un ver luisant, pendant que nos arrière-arrière-grands-pères, plus arriérés que leur cousin le chimpanzé, se seraient brusquement retrouvés avec sur la tête toute la civilisation de l'astre supérieur, enveloppée dans un fatras de végétation un peu froissée, d'animaux commotionnés et de bipèdes instructeurs... tombés de la Lune.

Chaque hypothèse ayant sa contre-hypothèse, au cours d'une collision entre la Terre et la Lune l'inverse aurait également pu se produire : un morceau de la Terre aurait pu rester accroché à la Lune, si bien qu'il n'est pas impossible que des restes poussiéreux du continent de Mû ou d'Hyperborée recouvrent encore aujourd'hui une partie de cette Lune que les hommes imaginent avoir tout récemment conquise.

L'Atlantide de Platon

Si nous nageons dans une poétique incertitude en ce qui concerne la première Atlantide, nous possédons un témoignage de poids en faveur de la seconde, celui de Platon.

Un témoignage assez indirect d'ailleurs. Platon rapporte qu'au cours d'un voyage en Egypte, l'Athénien Solon, un des sept sages de la Grèce, avait appris d'un vieux prêtre du temple de Saïs l'existence d'un peuple de conquérants venus autrefois des rivages de l'Atlantique pour tenter de s'emparer de la cité de l'Hellade qui, 9 000 ans plus tôt, s'élevait à l'emplacement d'Athènes. Ces guerriers atlantes habitaient, de l'autre côté des colonnes d'Hercule (le détroit de Gibraltar), une île « plus grande que la Libye et l'Asie réunies ». La Libye était le nom généralement donné à l'Afrique du Nord, et l'Asie dont parlait Platon était l'Asie Mineure. Cela représentait déjà pour l'île en question une surface appréciable.

Platon décrit avec complaisance cet empire florissant divisé, comme le pays de Mû, en dix royaumes et dont la ville principale, fondée par Poséidon, le dieu de la mer, portait son nom : Poséidonis. L'Atlantide regorgeait de richesses, tous les fruits de la création y poussaient sans qu'on eût à les cultiver et l'on en faisait deux récoltes par an. Le sol contenait les métaux les plus précieux à l'état pur, ce qui permettait de les extraire sans peine. Les maisons étaient construites en pierres rouges, blanches et noires, les palais et les temples étaient incrustés d'ivoire et d'orichalque, le métal le plus rare après l'or. Les murs du grand temple de Poséidon étaient en argent et son enceinte extérieure en or.

Malgré le luxe dans lequel ils vivaient, les Atlantes étaient à l'origine bons, modestes, vertueux et hospitaliers. Ils ne faisaient aucun cas de la richesse, ignoraient la violence, avaient le culte de l'amitié et venaient généreusement en aide aux peuples qui les entouraient, aussi bien ceux de la « grande terre ferme » (sans doute l'Amérique) que ceux de l'Afrique et de l'Europe occidentale.

Peu à peu ils furent gâchés par l'existence trop facile qu'ils menaient. Ils ne se contentèrent plus de ce qu'ils avaient, ils voulurent avoir plus encore, ils devinrent avides, avares, égoïstes, insolents, ils furent pris par le désir de prouver leur puissance et de gouverner le monde. Ils équipèrent une armée, une flotte considérable, envahirent les principales cités grecques et égyptiennes afin de réduire leurs habitants en esclavage. Les Athéniens organisèrent la résistance. Ils parvinrent à repousser l'envahisseur, l'obligèrent à battre en retraite et, sur leurs vaisseaux légers, le poursuivirent jusqu'au-delà des colonnes d'Hercule. Mais alors que l'armée hellène s'apprêtait à exterminer les Atlantes sur leur propre terrain, le sol de la grande île se mit à trembler, il y eut une série d'explosions terrifiantes et, dans l'espace d'une journée et d'une nuit, les deux armées furent « englouties d'un seul coup sous la terre et de même l'île Atlantide s'abîma dans la mer et disparut ».

D'après le prêtre de la déesse Néïth, à Saïs, qui fit ces révélations à Solon vers 580 avant J.-C., cet événement se serait produit 9 000 ans plus tôt, soit vers 9 580 av. J.-C., il y a donc environ 12 500 ans, c'est-à-dire, à peu près à l'époque de la disparition du continent Mû dans le Pacifique.

Punition des dieux ou catastrophe volcanique ?

Selon Platon qui, dans le *Timée* puis dans le *Critias,* évoque la fin de l'Atlantide, celle-ci aurait été provoquée par Zeus pour punir les Atlantes de s'être abandonnés aux vices et à la méchanceté. Alors qu'ils étaient à l'origine doués de toutes les qualités dont les dieux les avaient comblés, alors qu'ils avaient tout pour mener une existence de bienheureux, les Atlantes s'étaient laissés dégénérer, ils étaient devenus un danger pour l'ensemble de l'humanité et Zeus avait décidé de les supprimer purement et simplement.

Platon se sert de la leçon de l'Atlantide pour mettre ses lecteurs en garde contre les travers habituels de l'homme. On peut penser que, pour les besoins de sa démonstration, il en a un peu rajouté.

Les fondateurs de la deuxième Atlantide devaient être les héritiers, rapetissés par la pesanteur, des géants éthérés descendus des Andes, ces Titans que les petits hommes considéraient comme des dieux ou des anges — on retrouve des traces de ces géants divinisés, de ces surhommes des premiers âges dans toutes les mythologies antiques. Mais ces « Atlantes d'en bas » n'étaient pas tous de bons anges. Certains, aigris par le voyage, les conditions de vie différentes, avaient rapidement tourné, nous l'avons dit, à l'Ogre ou au vilain Goliath. On peut admettre qu'il restait tout de même quelques éléments purs dont l'intelligence et les qualités morales étaient intactes. Ils ont prédominé un temps, organisé la nouvelle civilisation puis se sont mêlés aux races inférieures. « Il advint, dit la Bible, que les fils d'Elohim s'aperçurent que les filles des hommes étaient belles. Ils prirent donc pour eux des femmes parmi toutes celles qu'ils avaient élues. » Peu à peu, chez les fils des dieux ou des anges venus de l'Atlantide d'en haut, le caractère humain prédomina pour, dit cette fois Platon, « avoir été mélangés, et maintes fois, avec maint élément mortel ». Ce fut la dégradation, la décadence qui entraîna la chute définitive.

Ce qui nous gêne un peu dans la démonstration de Platon, c'est que Zeus, pour punir les méchants, ait cru nécessaire d'engloutir avec eux, les bons, les soldats de la vaillante armée grecque qui avaient triomphalement défendu leurs cités contre les dégénérés venus de l'ouest. Dans cette histoire, le courage et la vertu ne sont guère récompensés.

Il semblerait plus logique de mettre Zeus hors circuit et de supposer par exemple que l'Atlantide disparut à la suite d'un séisme ou d'une série d'éruptions volcaniques.

Quand l'Atlantique n'existait pas

Il y a quelques centaines de milliers d'années, estiment les géologues, l'océan Atlantique n'existait pas, les trois continents, l'Europe, l'Afrique et l'Amérique étaient en partie soudés, en partie reliés par des isthmes importants, véritables ponts continentaux enveloppant des mers intérieures. Une chaîne de montagnes beaucoup plus importante que la Cordillère des Andes et aujourd'hui submergée s'étendait du nord au sud, de l'Islande à l'Antarctique, sur plus de 12 000 kilomètres. Ses hauts sommets forment les principales îles qui subsistent encore au milieu de l'Atlantique : Açores, Ascension, Tristan da Cunha, etc.

Par la suite, ces isthmes devaient s'effondrer ou se disloquer pour former, entre autres, une grande île plus vaste que l'Australie, correspondant à l'Atlantide, qui s'effondra à son tour dans les circonstances que l'on sait.

D'autre part, suivant Wegener et sa théorie de la dérive des continents, l'Afrique et l'Amérique du Sud qui étaient soudées se seraient peu à peu séparées, éloignées l'une de l'autre pour permettre à l'océan Atlantique de se couler entre elles. Cet océan est bordé à l'est d'une ligne de volcans qui va de l'Islande à la Terre de Feu en passant par les Açores, Madère, les Canaries, l'archipel du cap Vert. Ces volcans n'ont jamais cessé de se manifester. Au cours des siècles plusieurs dizaines d'îles ont soudain émergé des profondeurs puis ont aussi soudainement disparu. Pourquoi l'Atlantide n'aurait-elle pas été victime d'une de ces manifestations volcaniques ?

L'Atlantide et la bombe atomique

Nous ne nous attarderons pas à passer en revue les preuves accumulées par les partisans de l'île ou continent Atlantide : existence au XVe siècle, au large de Madère d'une île Antilia qui fut découverte par les Portugais puis engloutie par un tremblement de terre ; hauts plateaux sous-marins repérés aux environs des Açores, terrains calcaires blancs, roches volcaniques rouges et noires découverts dans cette zone et correspondant aux matériaux utilisés par les Atlantes pour la construction de leurs maisons ; restes de plantes d'eau douce recueillis au cours de sondages à plus de 3 000 mètres de profondeur ; similitude entre la flore ancienne de l'Europe et celle actuelle de l'Amérique orientale ; souvenirs millénaires qui subsistent dans les chromosomes-mémoire des anguilles d'Europe et les mènent frayer dans la mer des Sargasses, etc.

D'autres spécialistes de la protohistoire prétendent, en s'appuyant sur des preuves aussi pertinentes, que le pays des Atlantes ne se trouvait pas dans l'Atlantique mais en Méditerranée. Il aurait occupé une partie de l'Afrique du Nord qui se prolongeait alors presque jusqu'aux Baléares, à la Sardaigne et à la Sicile. A cette époque, le Sahara était une mer intérieure autour de laquelle s'épanouissaient les florissantes civilisations africaines de Mauritanie, du Rio de Oro et du futur empire de Gao.

Enfin, pour faire le tour de toutes les hypothèses, l'anéantissement de l'Atlantide méditerranéenne ou atlantique aurait été provoqué non par une catastrophe naturelle mais par une explosion nucléaire, au cours de la guerre qui mettait aux prises les Atlantes supercivilisés qui savaient exploiter l'énergie atomique, et les anciens Hellènes moins avancés en technique mais soutenus par l'énergie du désespoir. Afin de se débarrasser de ces adversaires coriaces qui, non seulement, les avaient repoussés mais encore se permettaient de les envahir à leur tour, les Atlantes auraient utilisé en dernier recours une arme secrète, une sorte de bombe atomique qui, dépassant l'objectif prévu, les aurait détruits eux-mêmes en même temps que leurs ennemis. Les survivants de la catastrophe — à part quelques grands maîtres Atlantes enfermés dans des abris inaccessibles — auraient été des « irradiés » aux facultés physiques et intellectuelles diminuées, réduits à l'état de primitifs, contraints de repartir de zéro.

Cette opération maladroite qui aurait ravagé la zone atlantique et une partie du bassin méditerranéen pourrait correspondre à l'une des fins du monde décrites par la Bible.

Témoignages de savants : Laplace, Buffon, Bailly

Pour en terminer avec ce petit aperçu des civilisations supérieures qui auraient précédé nos ancêtres directs, l'australopithèque, le sinanthrope, le pithécantrope, l'homme de Néanderthal ou de Cro-Magnon, il n'est pas inutile d'invoquer les témoignages de quelques savants qui ont admis l'existence de ces mondes d'« avant » que, depuis 5 000 ans, l'humanité semble s'ingénier à vouloir passer sous silence.

Dans son exposition du *Système des Mondes* l'astronome et mathématicien Laplace écrivait : « De grands peuples dont les noms sont à peine connus dans l'histoire ont disparu du sol qu'ils ont habité... Il n'est resté des monuments de leur science et de leur industrie qu'une tradition confuse et quelques débris dont l'origine est incertaine. »

Buffon, pour ne pas choquer les croyants de son époque et surtout pour ne pas s'attirer les foudres de l'Eglise, se contente de signaler discrètement que, dans les couches géologiques de certaines parties du globe, ont été retrouvés des minéraux et des corps fossiles « les plus étrangers à la terre ».

En 1778, Sylvain Bailly, astronome du roi, qui allait devenir, onze ans plus tard, un des premiers animateurs de la Révolution et le maire de Paris, ce qui lui vaudrait de terminer sa carrière sur l'échafaud, en 1778 donc, Bailly eut à examiner des tables astronomiques très anciennes que des missionnaires avaient rapportées des Indes. Il constata que toutes les observations consignées sur ces « tables de Tirvalour » qui dénotaient des connaissances astronomiques très étendues, comportaient la même erreur. Elles n'avaient pas pu être faites aux Indes, comme le prétendaient les Brahmanes, mais en un lieu que Bailly situa à peu près à l'emplacement de l'actuel désert de Gobi. Il pensa que cette civilisation disparue devait être celle de l'Atlantide décrite par Platon, ce qui provoqua de véhémentes controverses auxquelles Voltaire fut ravi de se mêler.

Toujours en examinant les tables de Tirvalour, Sylvain Bailly vit qu'elles indiquaient en l'an 3102 av. J.-C. une conjonction de toutes les planètes, conjonction qui, d'après ses calculs, avait pu en effet se produire. Mais les auteurs des tables n'énuméraient que quatre planètes : Saturne, Mars, Jupiter et Mercure. Il n'était pas question de Vénus. Par ailleurs, les astronomes de Chaldée et d'Assyrie ignoraient également Vénus. Il semble donc qu'il y a 5 000 ans environ Vénus était encore invisible dans notre ciel. Elle ne se serait rapprochée de la Terre que peu après et son apparition intempestive aurait peut-être alors provoqué le grand Déluge de la Bible.

3.

Déluge biblique et empires disparus

La Genèse, comme la plupart des livres sacrés mayas, hindous, persans, mongols ou scandinaves, fait allusion à des êtres de grande taille qui furent les ancêtres ou les éducateurs des hommes.

Le mystère d'Elohim

Dans le premier récit de la création, le créateur est nommé Elohim. Ce n'est qu'au chapitre second, où le narrateur reprend en la résumant l'histoire de cette création, qu'apparaît le nom de Iahvé pour désigner Dieu. Bien que, par la suite, les deux noms soient employés indifféremment, certains exégètes ont vu là une différenciation très nette. Elohim, qui serait en réalité un pluriel, désignerait des Etres supérieurs qui existaient sur la Terre avant l'apparition de l'humanité actuelle. Iahvé serait le nom donné par les hommes à Dieu.

Un passage de la Genèse autorise cette interprétation : « En ces jours-là, il y avait des géants sur la Terre et même après cela : quand les fils d'Elohim venaient vers les filles des hommes, c'étaient les héros qui furent jadis des hommes de renom. »

Commentant ce texte, Edouard Dhorme écrit : « Les fils d'Elohim sont des Etres mystérieux qui participent de la nature divine et qui seront identifiés aux Anges [1]. »

Il est évident que les auteurs ou premiers traducteurs de la Bible se sont gardés de préciser davantage qui étaient ces « fils d'Elohim ». Ou bien cela leur semblait trop anecdotique (et pourtant la Bible est bourrée d'anecdotes) ou bien cela faisait partie des mystères réservés aux seuls initiés et que les fidèles devaient ignorer. D'autant plus qu'attirer l'attention sur le fait qu'avant la création il existait déjà des surhommes suprêmement intelligents, possédant des connaissances très étendues, c'était diminuer singulièrement le rôle du Créateur. Par la suite, l'Eglise allait régler la question à son avantage en faisant des fils d'Elohim la cohorte des anges, archanges ou chérubins qui escortaient Iahvé. Ils formaient l'ensemble de la cour céleste, des serviteurs, commis ou manœuvres de l'architecte divin.

Aujourd'hui les décrypteurs de mythes, les explorateurs de mystères, les découvreurs d'un « passé historique séquestré par les conjurations de contre-vérités », pensent que ces Elohim seraient soit des extra-terrestres venus d'une autre planète supercivilisée pour coloniser la Terre, soit les survivants de hautes civilisations nées sur notre planète il y a des dizaines ou peut-être des centaines de milliers d'années et disparues à la suite de cataclysmes naturels ou provoqués. Dans ce dernier cas, les Elohim, héros ou demi-dieux, inspirateurs des grandes civilisations

1. *La Bible*, édition de la Pléiade (NRF).

antiques, pourraient être assimilés aux descendants des Atlantes, des Hyperboréens ou des premiers hommes de Mû.

Un jour de mille ans

La création du monde biblique se situe après le grand bouleversement qui engloutit Mû ou l'Atlantide, ou les deux simultanément. En ce temps, est-il dit au début de la Genèse, la Terre était « déserte et vide » ou en hébreu « tohû-mâ-bohû », à qui certains traducteurs avaient donné le sens de « chaos », d'où notre mot « tohu-bohu ».

Cette création, à partir du « tohu-bohu », fut achevée en six jours, le septième étant consacré au repos d'Elohim. La question est de savoir quelle durée avait exactement ce « jour » biblique. Dans le psaume 90, prière de Moïse, homme de Dieu, il est dit :

« *Mille ans sont à tes yeux*
Comme le jour d'hier qui est passé
Et comme une veille dans la nuit »

Et un peu plus loin :

« *Les jours de nos années sont d'environ 70 ans*
Et pour les plus vigoureux de 80 ans... »

Il y a donc pour les auteurs de la Bible trois jours de durée différente : le « jour de Dieu », à la mesure de celui pour qui le temps ne compte pas, le « jour des années de l'homme » de 70 ans et enfin le jour ordinaire de 24 heures.

Notons tout de suite qu'à l'époque où furent écrits les psaumes, la durée de la vie humaine avait sensiblement diminué. Les premiers patriarches de la Genèse vivaient souvent plus de 900 ans : Adam mourut à 930 ans, son fils Seth qu'il engendra à l'âge de 800 ans, après la mort d'Abel tué par Caïn, vécut lui-même 912 ans. Hénoch était âgé de 365 ans seulement quand il fut « pris par Elohim » (enlevé dans une sorte d'engin spatial disent certains) mais son fils Mathusalem battit tous les records en atteignant 969 ans. La longévité de la race semble s'être atténuée au fur et à mesure que la constitution exceptionnelle des fils d'Elohim et de leurs descendants s'affaiblissait aux contacts répétés des filles des hommes.

Si l'on interprète à la lettre le texte du psaume 90, en donnant une valeur formelle à ce qui n'est peut-être qu'une image poétique, le « grand jour » biblique représenterait une période de 1 000 ans. Il est possible également d'évaluer sa durée en fonction du phénomène de la précession des équinoxes, connu des astronomes de la plus haute antiquité. On appelle ainsi le déplacement du point où se lève le soleil à l'équinoxe de printemps : ce point vernal voyage dans le ciel et met 2 160 ans à passer d'un signe du zodiaque au suivant, ce qui est la durée du « jour solaire ». Le jour biblique pourrait donc être de 1 000 ou de 2 160 ans, soit, pour les six jours de la création, un total de 6 000 ou 12 960 ans, ce qui représente un délai convenable pour permettre à la végétation de repousser, aux animaux de repeupler les terres après une destruction universelle, et pour lancer dans la nature une créature humaine de modèle plus réduit que les précédentes, un homo sapiens peut-être un peu plus vite fait mais éventuellement perfectible.

Un jour de repos de 1 000 à 2 160 ans n'était pas de trop pour laisser à cet ensemble le temps d'effacer les dégâts causés par le cataclysme antérieur, de s'adapter aux conditions géographiques et climatiques des nouveaux continents et de constituer un univers à peu près cohérent. Pendant ce septième jour, l'homme aidé de ses initiateurs, les Elohim, recommençait à édifier une civilisation un peu à l'image de celles qui avaient été détruites. Mais les Elohim, se souvenant des erreurs et des désastres du passé — l'explosion atomique générale provoquée par les Atlantes —, ne communiquèrent à l'homme qu'une part infime de leurs connaissances, uniquement celles qui pouvaient l'aider dans la vie courante. Ils lui enseignèrent la culture, l'élevage, l'artisanat, les arts qui embellissent la vie. Ils se gardèrent de lui révéler les dangereuses découvertes des civilisations disparues et l'utilisation des forces mystérieuses qui régissent l'univers. Pour lui occuper l'esprit tout en l'empêchant de penser à ces choses interdites, ils créèrent la religion chargée d'entretenir chez les fidèles le respect du mystère et la crainte des forces supérieures. Les premiers prêtres, souvent les Elohim eux-mêmes, furent les seuls détenteurs des grands secrets qu'à leur mort ils transmirent oralement à leurs successeurs. Au cours des siècles ceux-ci les travestirent peu à peu pour en faire des mythes plus ou moins incompréhensibles. Ainsi naquit l'hermétisme.

Noé et son zoo flottant

Nous voici arrivés au moment où « Iahvé vit que la malice de l'homme sur la terre était grande et que tout l'objet des pensées de son cœur n'était toujours que le mal... » Il dit : « Je supprimerai de la surface du sol les hommes que j'ai créés, depuis les hommes jusqu'aux bestiaux, jusqu'aux reptiles et jusqu'aux oiseaux des cieux, car je me repens de les avoir faits. »

C'est là que se place la construction de l'arche dont la description est précédée de deux phrases significatives. La première : « Noé trouva grâce aux yeux de Iahvé », suivie immédiatement de « Noé marchait en compagnie d'Elohim ».

La première proposition s'adresse aux fidèles, c'est un des leitmotive de l'enseignement religieux : les bons, les justes, ceux qui n'ont rien à se reprocher, n'ont pas à craindre la colère divine. Soyez bons, soyez justes, vénérez Dieu et ses serviteurs, vous serez épargnés.

La seconde phrase rappelle aux initiés que Noé était un des leurs, un fils d'Elohim. Il avait accès à la connaissance supérieure, c'était en même temps un fort habile technicien, sa construction de l'arche le prouve. Il n'est pas donné à un bricoleur ordinaire, même ayant une longue expérience — Noé était alors âgé de 600 ans — de mettre en chantier et d'achever en un temps record, avec seulement l'aide de ses trois fils, un vaisseau en bois de cyprès aux dimensions dictées par Elohim : « longueur de l'arche 300 coudées, sa largeur 50 coudées, sa hauteur 30 coudées ». La coudée ayant varié à l'époque entre 45 et 55 centimètres, prenons la moyenne de 50 centimètres, ce qui donne pour l'arche : 150 mètres de long (presque la moitié de la longueur du paquebot *France*), 25 de large (le *France* 33 mètres 70) et 15 de haut. Le tout asphalté à l'intérieur et à l'extérieur, recouvert d'un toit de double épaisseur (terminé « à une coudée au-dessus » précise Elohim), partagé en trois étages eux-mêmes divisés en niches destinées à recevoir les animaux de la création.

Une fois l'arche terminée, Noé disposa de sept jours ordinaires pour y faire entrer tous les animaux, bestiaux, reptiles du sol et oiseaux des cieux, ceux-ci deux par deux, un mâle et une femelle « de toute chair » et même sept de chacune « de toutes les bêtes pures » (Genèse VII, 2).

Si l'on songe que, cette fois, ils étaient huit en tout, Noé et ses fils, Sem, Cham et Japhet, et leurs épouses respectives, pour aller rechercher par monts, par vaux et par forêts tous les pensionnaires de ce zoo universel, pour les poursuivre, les sélectionner, les rassembler et les faire entrer en bon ordre dans l'arche, ensuite se procurer « de tout aliment qui se mange » en quantité suffisante pour nourrir une telle ménagerie et se nourrir eux-mêmes aussi longtemps que cela serait nécessaire... tout ceci en une petite semaine. Si l'on y songe, la somme de travail fournie par ces favorisés du Seigneur nous laisse pantois.

L'arche, opération des Elohim

Il suffit de décortiquer un peu l'interprétation des traditions écrites ou orales par les rédacteurs, traducteurs et copistes de la Bible pour rétablir dans ses grandes lignes une histoire de Noé plus proche de la réalité.

Les fils d'Elohim, détenteurs de toute science et instruits par les leçons du passé, avaient décelé les signes précurseurs d'un cataclysme semblable à celui qu'avaient déjà subi leurs ancêtres. Ils avaient alors décidé d'évacuer la planète menacée, à bord d'engins spatiaux, ou bien de se réfugier dans des abris à l'épreuve de l'eau et du feu : les abysses des océans, les cités secrètes d'Egypte, de Grèce, d'Anatolie, d'Amazonie ou de la forêt de Brocéliande, le mystérieux domaine souterrain de l'Agartha qui s'étendrait sous le Tibet, le désert de Gobi, les régions polaires, etc.

Leur « conseil supérieur » avait désigné l'un d'eux, Noé, pour procéder au sauvetage des espèces animales qui permettraient d'assurer le repeuplement après le désastre. Mettant en œuvre tous les moyens techniques dont ils disposaient, ils avaient construit — peut-être sur les plans de Noé lui-même — un vaisseau capable de résister au déchaînement des éléments, cette arche qui allait contenir en quelque sorte les « archives vivantes » de la planète. Enfin ils avaient organisé le rodéo-safari monstre permettant de rabattre vers la cage flottante une savante sélection de « toute la pullulation qui pullulait sur la terre ».

On comprend mieux l'opération Arche quand on l'imagine ainsi menée par l'ensemble des Elohim pour défendre le monde dont ils étaient les organisateurs et maîtres contre une catastrophe naturelle, inévitable, qui menaçait de le détruire.

La navigation de l'arche parmi les eaux montantes déversées par « les fontaines de l'abîme et les écluses des cieux » puis décroissant lentement, dura cinq mois jusqu'au moment où elle se posa sur le mont Ararat. Selon la Genèse, il fallut attendre deux mois et demi pour voir apparaître le sommet des autres montagnes, puis plus de quatre mois encore — avec les intermèdes successifs du lâcher du corbeau et de la colombe — pour que, la décrue enfin achevée et la terre redevenue sèche, Elohim donnât l'ordre à Noé de sortir de l'arche avec tout son monde. Il s'était déroulé un an et dix jours depuis l'embarquement, ce qui suppose une solide cargaison de vivres emmagasinés dans les cales et maintenus en parfait état de conservation. Par quel procédé ? Cela suppose également un entretien sanitaire exceptionnel des passagers de toute espèce qui débarquèrent sans avoir souffert, semble-t-il, d'un séjour aussi prolongé dans leur prison de bois et d'asphalte.

Ivresse et multiplication

Là-dessus Elohim ordonna à Noé et à ses fils : « Fructifiez et multipliez-vous, foisonnez sur la terre et ayez autorité sur elle ».

Les quatre hommes et leurs épouses se mirent au travail « et par eux fut peuplée toute la terre ». Mais en dehors de cette activité familiale, il est remarquable que la première occupation de Noé après le Déluge fut de planter la vigne, de faire du vin et de s'enivrer. Autrement dit, avant toute autre chose, il enseigna aux futurs habitants de la terre la préparation de la « boisson d'oubli » et leur montra comment il fallait en user et même en abuser. Il ne faisait sans doute qu'appliquer une nouvelle consigne du « conseil supérieur des Elohim » qui souhaitait détruire le plus vite possible chez les humains le souvenir de ce qui s'était passé et le remplacer par des légendes nées dans les vapeurs de l'ivresse.

Attention. Je me défends de prétendre que la Bible ait été écrite par des piliers de cabaret pris entre deux vins. Je respecte infiniment les auteurs du Livre par excellence, j'admire leur inspiration poétique, je rends hommage à leur probité, à la ferveur de leur croyance, à leur désir d'établir, sur des faits parfois historiquement contestables mais moralement valables, les fondements d'une religion destinée à améliorer le sort de l'humanité. Je ne prétends pas non plus me mesurer avec les théologiens et érudits laïques, exégètes des textes sacrés. Je me contente simplement, en interprétant ces textes en toute innocence, de tenter une explication de l'univers parallèle — et ignoré — des Elohim. Et je constate avec un certain étonnement que ces êtres supérieurs, animés eux aussi des meilleures intentions, n'ont pas hésité, pour éviter aux hommes les dangers de la connaissance, à les plonger dans ceux de l'alcoolisme. Les grandes intelligences ont parfois de curieux errements.

Des « Noé » comme s'il en pleuvait

En quelle année se produisit ce Grand Déluge illustré par l'aventure de Noé ? Ce serait une date intéressante à connaître. Malheureusement les auteurs de la Bible ont omis de nous l'indiquer.

La plupart des récits mythologiques, des légendes et livres sacrés du monde entier décrivent des déluges analogues auxquels seuls échappèrent un pur, un sage et éventuellement sa compagne : c'est le cas de Deucalion, fils de Prométhée, et de sa femme Pyrrha chez les Grecs, d'Outanapishtim au pays de Sumer, de l'Aryen Manus en Lituanie, du sage Manou aux Indes, de Hu-Gadarn chez les Gaulois, de Coxcoxtli chez les Aztèques, du vieil Imos chez les Chiapanèques, de Bochica et de sa femme Chia, en Colombie, et d'autres que j'oublie.

Il semble donc bien que toutes les parties du globe se soient trouvées à une certaine époque englouties sous des cataractes d'eau tombées du ciel et envahies par le débordement des cours d'eau et des océans. Cet afflux d'eau aurait été provoqué, il y a environ 10 000 ans, pensent les glaciologues, par la fonte brutale des glaces polaires dont une partie aurait « dérapé » vers les régions plus chaudes à la suite du choc d'un aérolithe géant contre notre planète.

Des civilisations qui avaient succédé à l'Atlantide, Mû, Hyperborée, furent ainsi entièrement submergées. Ce serait le cas par exemple pour une première civilisation égyptienne disparue bien avant celle des Pharaons qui marque le début de l'ère historique et qui n'en serait qu'un pâle reflet. C'est à cette époque également qu'aurait été engloutie la ville d'Ys, et non pas au IVe ou au Ve siècle comme le prétendent les bardes bretons qui, pour raviver une tradition oubliée, la rajeunirent d'un peu plus de 8 000 ans.

Après le Déluge, les « Noé » de tous les continents, ceux qui, embarqués sur des arches de fortune ou réfugiés sur les sommets inaccessibles, ont réussi à se tirer d'affaire, sont retournés chez eux ; ils ont essayé de relever les ruines de leurs cités et de commencer une nouvelle vie. Là où les Elohim, revenus de leurs refuges extra-terrestres ou bien émergeant de leurs abris souterrains, ont aidé les hommes en leur communiquant une partie de leur science et de leur savoir-faire, se sont développées très vite des civilisations florissantes : celle de Sumer, en Mésopotamie, celles de la première dynastie égyptienne, de la vallée de l'Indus, de la Chine, des Olmèques, des Mayas et des Incas en Amérique, des Aryas aux Indes, des Celtes à travers l'Europe, l'Asie et l'Afrique, des Hittites en Asie Mineure, puis celles de Babylone, de Crète, de Mycènes, de Tyr, de Troie, de Jérusalem, pour arriver à l'apogée des civilisations grecque et romaine.

Sodome et Gomorrhe

Toutes ces civilisations devaient s'effondrer l'une après l'autre, soit à la suite de guerres malheureuses, d'invasions, soit à la suite de diverses fins du monde naturelles ou provoquées.

L'exemple classique est celui de Sodome et Gomorrhe qui furent détruites en punition des péchés commis par leurs habitants — l'un de ces péchés, considéré par les Grecs comme une pratique parfaitement honorable, a d'ailleurs immortalisé le nom de Sodome en le faisant entrer dans le langage courant. Après avoir envoyé à Sodome deux anges qui permirent à Loth, à sa femme et à ses deux plus jeunes filles de quitter cette ville de mauvaise réputation, « Iahvé fit pleuvoir sur Sodome et sur Gomorrhe du soufre et du feu en provenance des cieux ». Les deux villes furent anéanties et la femme de Loth qui n'avait pas suivi la recommandation des anges de ne pas regarder en arrière « devint une statue de sel ».

Sodome et Gomorrhe se trouvaient sur les bords de la mer Morte. Celle-ci garde aujourd'hui le souvenir de la « pluie de soufre et de feu » qui s'abattit il y a quatre ou cinq mille ans sur cette région. Son rivage est absolument désertique, jamais une plante n'a pu y repousser. Ses eaux — à 394 mètres au-dessous du niveau normal de la mer — contiennent du soufre et leur densité, par suite de la concentration de sel, est telle qu'un baigneur ne peut pas s'y noyer. Son corps, comme la nef symbolisant Paris, « fluctuat nec mergitur ».

Serge Hutin, dans *Hommes et civilisations fantastiques,* cite une étude publiée en 1960 par le professeur Agrest de l'Académie des sciences de l'U.R.S.S. qui estime que se serait produite à cet endroit une explosion thermonucléaire provoquée par des hommes de l'espace qui auraient détruit leurs dépôts d'énergie atomique avant de s'en retourner sur leur planète d'origine. Des explosions du même genre auraient été provoquées en d'autres points du globe où l'on a découvert des débris de murs, des dallages, des ruines d'anciennes forteresses vitrifiées sous l'effet de très fortes températures.

Sans être membre d'une académie des sciences, on peut également imaginer que les habitants de Sodome et Gomorrhe ayant dérobé, non le feu du ciel comme Prométhée, mais certains des secrets que les Elohim refusaient de leur révéler, avaient réussi à domestiquer l'énergie atomique et que leur destruction avait été décidée par ces mêmes Elohim pour la sauvegarde du reste du monde.

Les deux anges qui, sous l'apparence de simples voyageurs, vinrent avertir Loth étaient évidemment des messagers des « maîtres », peut-être même des Elohim. En tout cas, ils étaient dotés d'un pouvoir certain ou d'une arme secrète d'une terrible efficacité. Lorsque des hommes de Sodome voulurent pénétrer dans la maison de Loth pour s'emparer des deux voyageurs et les « connaître » à la façon biblique locale, ceux-ci étendirent leurs mains et « les frappèrent de cécité du plus petit au plus grand, si bien qu'ils ne purent trouver l'entrée » (Genèse XIX, 11).

On peut supposer que ces messagers, munis d'un appareil apparenté à un émetteur à rayon laser, étaient chargés à la fois de faire évacuer Loth et les siens et de déclencher l'explosion qui détruirait la ville. L'anecdote de la femme transformée en statue de sel évoque sur le mode allégorique l'accident dont l'épouse de Loth dut être victime pour ne s'être pas hâtée de fuir. Elle rappelle le danger qu'il y a à s'attarder quand l'alerte a été donnée et les risques que l'on court à s'exposer aux rayonnements atomiques.

A noter, en contrepartie, le côté si j'ose dire dessalé, des filles de Loth qui, sitôt seules dans la montagne avec leur vieux père, l'enivrent et, l'une après l'autre, abusent gentiment de lui afin de « faire survivre la race ».

Si l'on envisage les choses sur le plan de la morale courante, il ne semble pas que le péché de Sodome soit tellement plus scandaleux que celui, même justifié, des demoiselles Loth. Et on ne comprend pas très bien la décision de Iahvé de détruire, sous un aussi mince prétexte, deux villes entières avec tous leurs habitants. A ce moment l'hypothèse d'une explosion atomique plus ou moins accidentelle apparaît encore plus plausible.

Nemrod, l'ambitieux constructeur de la tour de Babel

La destruction de Sodome et Gomorrhe fait suite à l'épisode de la tour de Babel (ou Babylone) dont les constructeurs furent également les descendants directs des rescapés du Déluge. Leur chef était Nemrod, petit-fils de Cham, le deuxième fils de Noé. Il était donc de la race des Elohim et commença par être « un héroïque chasseur devant Iahvé ». Admirons en passant la rapidité de procréation des espèces puisqu'à la deuxième génération après l'ouverture de l'arche, la pullulation animale était déjà suffisante pour permettre à un chasseur d'acquérir une célébrité proverbiale. Bientôt, lassé de dépeupler le jeune monde animal, Nemrod mit à profit la crainte qu'inspiraient sa haute stature et sa force colossale pour se faire nommer roi par les habitants du pays de Shinéar ou Sennaar, sur la rive orientale de l'Euphrate, qui allait devenir la Chaldée. S'étant pris de passion pour la construction, il encouragea ses sujets — et on imagine ce que devaient être les méthodes d'encouragement de ce tueur de fauves — à édifier une tour gigantesque. Selon les narrateurs de la Genèse qui, une fois de plus, arrangent le récit à leur convenance, ce sont les hommes qui ont déclaré : « Bâtissons-nous une ville et une tour dont la tête soit dans les cieux et faisons-nous un nom » (Genèse XI, 4). Il est évident que c'est surtout Nemrod qui souhaitait continuer de se faire un nom et son ambition dut déplaire aux autres Elohim. Ils eurent vite fait de déléguer un commando de meneurs plus ou moins anarchisants qui semèrent la zizanie entre le chef des travaux et ses ouvriers lesquels se dispersèrent « sur la surface de la terre », autrement dit rentrèrent chez eux ou cherchèrent du travail ailleurs. De toute façon, la tour de Babel resta inachevée.

Nemrod, pas du tout guéri de sa manie de construire, alla faire une incursion dans le pays de son grand-oncle Assur où il s'imposa avec son sans-gêne habituel, se proclama également roi d'Assyrie et bâtit la ville de Ninive. Mais cette fois, rendu prudent par sa première expérience, il évita d'élever une tour qui se verrait de trop loin.

Des folies de Nabuchodonosor aux festins de Balthazar

Ses successeurs devaient être moins discrets. Quelque douze siècles plus tard, Nabuchodonosor le Grand, avant-dernier roi de Chaldée et d'Assyrie, prétendit étendre sa domination sur tout le monde antique. Il ravagea l'Egypte, l'Afrique du Nord jusqu'aux rivages de l'Atlantique, le sud de l'Espagne, la Nubie, une grande partie de l'Arabie, détruisit le royaume de Juda, incendia le temple de Jérusalem, emmena le peuple juif en captivité à Babylone. Enivré par son triomphe, il fit dresser dans la plaine, non loin de sa capitale, une statue d'or haute de soixante coudées devant laquelle tous ses sujets eurent ordre, sous peine de mort, de venir se prosterner. L'enivrement ayant sérieusement ébranlé son cerveau, Nabuchodonosor eut des accès de cette variété de folie appelée lycanthropie lorsque le malade se croit transformé en loup. Nabuchodonosor, lui, se croyait transformé en bœuf et, pendant sept ans entiers, dit-on, il brouta l'herbe, laissa croître ses cheveux, ses ongles, donna des coups de cornes et s'exprima par mugissements.

Son fils et successeur Balthazar préférait à l'herbe des festins plus raffinés et aux parades militaires les défilés de son armée de concubines. C'est au cours d'un de ces festins, alors que depuis deux ans le roi des Perses Cyrus assiégeait vainement Babylone défendue par des murailles imprenables, que Balthazar vit apparaître devant lui, tracés par une main invisible, les trois mots fatidiques : *mane, thecel, pharès...*

Le prophète Daniel aussitôt appelé traduisit l'inscription et l'expliqua : « compté, pesé, partagé ». Les jours du règne étaient comptés ; mis dans la balance, le roi avait été trouvé trop léger, son royaume serait partagé. La nuit même, après avoir fait détourner le cours de l'Euphrate, Cyrus pénétrait dans la ville par la voie ainsi dégagée. Balthazar fut tué et son empire démembré.

Comment finirent les civilisations du passé

La chute de l'empire babylonien marque la première fin d'une civilisation historique provoquée non par une catastrophe naturelle ou un accident de « progrès », mais par une évolution politique, sociale et morale qui se retrouve tout au long de l'histoire de l'humanité et qui a entraîné les effondrements successifs de la plupart des empires et civilisations de l'antiquité à nos jours.

Cette évolution inhérente à presque toutes les formes de gouvernement et dont les conséquences sont inéluctables peut se résumer ainsi :

1°) L'ambition d'étendre sa domination ou l'exercice des bienfaits de sa civilisation (les deux revenant au même) sur un territoire de plus en plus vaste aboutit à l'éparpillement et à l'affaiblissement du pouvoir central. L'extension sans limites de l'autorité dilue l'autorité, la démesure abolit le jugement, paralyse le mouvement. « Qui trop embrasse, mal étreint » dit la sagesse des nations qui n'est pas toujours celle de leurs chefs. Un empire mené par un maître insatiable qui veut dévorer de proche en proche tous ses voisins, devient un géant aux membres trop lourds, de plus en plus vulnérable. C'est le colosse aux pieds d'argile vu en songe par Nabuchodonosor, le colosse qu'une petite pierre suffit à abattre.

2°) Sur le plan social, un état trop vaste ne permet plus le contact entre gouvernants et gouvernés. Il provoque la multiplication des intermédiaires, l'envahissement d'une administration qui enfle comme une tumeur, étouffe l'individu et finit par étouffer l'empire même dont elle devait assurer la respiration.

3° Une civilisation, pour survivre, a besoin d'une âme : une idée maîtresse, une philosophie, une religion qui entraîne tout un peuple vers un même idéal. Chaque groupement humain a sa conception d'un idéal et de la façon d'y parvenir. Souvent ces diverses conceptions ne se distinguent que par un détail : un nom, un symbole différent pour désigner la même idée, deux interprétations divergentes — et souvent aussi incertaines l'une que l'autre — d'un même texte. Plus ces notions sont voisines, plus les hommes s'attachent à ce qui peut les opposer. Les guerres les plus acharnées ont toujours été les guerres de religion et, parmi elles, celles où s'affrontent les fidèles des croyances les plus proches. Jamais les chrétiens n'ont fait preuve, lorsqu'ils se battaient contre les musulmans, d'autant de férocité, de fureur sanguinaire, de haine inexpiable que lorsqu'ils se sont livrés au massacre de leurs propres frères en christianisme : croisés de Simon de Montfort contre Albigeois, Impériaux contre hussites, papistes contre huguenots, grands inquisiteurs contre les coupables des plus innocentes hérésies. Plus un empire tente de rassembler des peuples d'origines et de cultures diverses, moins il a de chances de pouvoir lutter contre ces divergences obstinées, de faire accepter une même idée, une notion unique du bonheur à une multitude disparate.

Ou bien l'« idée » est un homme qui réussit à s'imposer, à symboliser un seul idéal auquel tous vont se rallier : un idéal d'aventure, de conquête ou au contraire de prospérité tranquille. Ce fut le cas des empires d'Alexandre, de César, de Charlemagne, de Charles Quint, de Napoléon Ier, comme aussi ceux d'Attila, de Gengis Khan ou de Tamerlan : chacun de ces empires dont on remarquera qu'ils étaient plus fondés sur la puissance et les succès militaires que sur la prospérité tranquille, n'a tenu que par le prestige de son fondateur ou la crainte dans laquelle celui-ci maintenait ses sujets, et il s'est effondré avec lui.

Le dieu-pharaon immortel

Dans un passé plus ou moins lointain seuls ont eu une certaine durée les empires édifiés non autour d'un homme toujours faillible mais autour d'un dieu créé par les hommes et auxquels ils ont conféré le don — inhumain — de perfection et d'infaillibilité.

Le premier de ces empires, celui qui inaugure l'ère historique, est l'empire égyptien — d'après le Déluge — dont le fondateur, Mani ou Ménès, unifia les royaumes du sud et du nord vers 3000 avant J.-C. Cet empire devait, malgré quelques tribulations, se maintenir jusqu'à la conquête de l'Egypte par Cambyse, fils de Cyrus, en 525 avant J.C., soit pendant près de 2 500 ans. Sa force et sa cohésion venaient de ce que le pharaon, monarque absolu, était en même temps non pas le grand prêtre de la religion nationale mais le dieu lui-même. Les plus grands rois de nos pays occidentaux, oints par le sacre, vénérés comme les représentants de Dieu sur terre, n'ont été par la suite que des fantoches, des ectoplasmes couronnés à côté du dieu-pharaon immortel, maître de toutes les terres et de tous les êtres qui les peuplaient, régnant sur l'espace et sur le temps, dictant ses volontés aussi bien aux éléments et aux astres qu'aux âmes des vivants et des morts.

Ce dieu-pharaon, descendant des surhommes d'avant le Déluge — les Elohim de la Bible — était lui-même le

Grand Initié, initiateur et guide de son peuple. Il était, comme ses ancêtres, immortel. Il avait la faculté, lorsqu'il estimait que son règne avait assez duré, de se choisir un successeur puis de se retirer dans une demeure secrète où il s'endormait pour ne s'éveiller qu'au bout de quelques dizaines de siècles. A ce moment, suivant son désir, ou bien il reprenait lui-même le pouvoir, ou bien il se contentait de siéger, invisible, aux côtés du pharaon du moment et de le conseiller. Ces chambres où les pharaons se faisaient transporter pour leur repos séculaire se trouvent peut-être dans des galeries encore inexplorées qui s'enfonceraient profondément sous les grandes pyramides.

Pendant les six premières dynasties, pendant près de neuf siècles, les dieux-pharaons gouvernèrent ainsi leurs sujets en entretenant chez eux, par leur seule présence, par leur rayonnement spirituel, une ferveur, un enthousiasme et une inspiration mystiques qui allaient permettre aux plus bornés des fellahs, bien encadrés, d'accomplir des prodiges. L'Egypte commença à se couvrir de monuments impérissables et la nouvelle civilisation de la vallée du Nil atteignit d'autant plus rapidement la perfection qu'elle se limita à ses frontières naturelles.

Au bout d'une dizaine de siècles, l'inusable pharaon commença à se fatiguer de promener son œil divin sur ce qui se passait dans son royaume, il délégua une partie de ses pouvoirs à de hauts fonctionnaires qu'il récompensa en leur donnant des terres. Il institua ainsi la propriété privée, initiative qui allait engendrer tous les abus, et il créa un régime féodal qui affaiblit le royaume. Les Barbares du voisinage en profitèrent pour envahir l'Egypte et la ravager.

Les dieux-pharaons des dynasties suivantes réussirent à libérer le pays, à rétablir leur autorité et à provoquer un nouvel essor de la civilisation égyptienne.

Un dieu tué par les embaumeurs

Vers 1330 avant J.-C., Ramsès II - Sésostris, oubliant la sagesse naturelle aux dieux, se laissa emporter par ses succès. Il étendit sa domination sur l'Abyssinie, la Nubie, la Syrie, plusieurs contrées d'Asie Mineure et jusqu'en Perse. Ses successeurs revinrent heureusement à des frontières plus raisonnables, ce qui leur assura encore quelques siècles de survie.

Mais, entre-temps, le dieu-pharaon avait perdu son auréole d'immortalité. Les entrepreneurs des pompes funèbres égyptiennes, ayant imaginé l'art de conserver les corps par l'embaumement, avaient cru bien faire en appliquant le procédé en priorité à leur roi très vénéré quand celui-ci s'endormait pour son stage de repos séculaire. Ils n'avaient pas songé que l'illustre embaumé, une fois vidé de ses viscères, ne pouvait plus revenir à la vie. Sous le prétexte de lui assurer une conservation éternelle, ils l'assassinaient tout bonnement. Les prêtres les encouragèrent, soit par ignorance, soit volontairement, ravis de voir disparaître définitivement un maître dont ils souhaitaient prendre la place.

Il n'est pas exclu de penser que, même avant cet « accident de progrès », les pharaons, s'ils jouissaient d'une longévité exceptionnelle comme les patriarches de la Bible, finissaient cependant par subir l'usure du temps. Comme il est difficile d'imposer à un peuple une vénération aveugle pour un dieu à la lisière du gâtisme, lorsqu'ils sentaient leurs facultés s'amoindrir, ils avaient sans doute la sagesse de se rendre d'eux-mêmes à l'« ermitage du grand repos ». Là, pour éviter tout retour intempestif qui eût abîmé l'image divine et provoqué des troubles dans le pays, leurs prêtres les exécutaient bien proprement. Si le pharaon hésitait à se sacrifier pour sa plus grande gloire, son entourage se chargeait de le pousser vers l'immortalité. Mais cette pratique, pour garder sa valeur, devait rester rigoureusement secrète.

Le jour où le dogme de l'immortalité du pharaon eut été détruit, les Perses s'emparèrent sans coup férir de l'Egypte mollement défendue par une armée qui n'avait plus d'âme car elle savait que son chef suprême n'était plus dieu. C'est ainsi que s'éteignit une des plus brillantes civilisations de notre monde.

La chute de la première société de consommation

L'empire perse qui avait absorbé Babylone puis l'Egypte devait mourir à son tour de gigantisme pour avoir voulu être le plus grand de la terre. La Grèce antique disparut de la carte politique du monde pour être restée divisée en une poussière de petites républiques rivales. Mais sa civilisation essentiellement artistique, spirituelle, lui survécut et survécut à ses envahisseurs.

L'empire romain, à partir du moment où il domina sans discussion l'univers antique, dura dans son intégrité environ quatre siècles — contre 25 siècles à l'empire d'Egypte. Les Romains s'étaient imposés par la force. Ce petit peuple qui, aux premiers temps de la république, comptait à peine 3 000 hommes libres, avait réussi à devenir le maître du monde. Il avait su faire admettre aux hommes de toutes les races qu'il avait asservis, la supériorité de ses lois, de son organisation militaire et civile, la solidité de ses routes et la technique de ses architectes. Mais il n'avait pas su créer l'enthousiasme, ni susciter un élan vers un idéal commun. Ceux qu'il avait colonisés n'adoptaient sa religion que par nécessité politique. Rome leur apportait le progrès matériel, la sécurité, ce droit romain auquel aujourd'hui encore se réfèrent les juristes de tous les continents. C'était un empire bâti en pierre, destiné à braver le temps, mais sans âme. Une civilisation ne se perpétue pas simplement en distribuant des recueils de lois, du pain et des jeux.

C'est une leçon directe que nous donne l'empire romain 1 500 ans après son écroulement définitif. Rome avait en quelque sorte créé la première « société de consommation » et celle-ci fut impitoyablement balayée à la fois par le grand élan mystique du christianisme naissant et par la rapacité des Barbares sous-développés désireux de s'approprier une part du gâteau.

Un empire inconnu qui dura plus de 3 500 ans

Un seul empire, à la lisière des temps historiques, rivalisa pour la durée avec celui des pharaons et dépassa, sur le plan spirituel et politique, les empires de Babylone et de Rome, ce fut l'empire immense, tout-puissant et secret — d'autant plus puissant qu'il était secret — des Celtes.

Les Celtes seraient les descendants des Uighurs, ces

« enfants de Mû », premiers habitants du globe qui, avant la destruction de leur continent, avaient fondé un immense empire, depuis également disparu, dont la capitale se trouvait, prétend le colonel Churchward, sur l'emplacement des ruines de Khara-Khota dans le désert de Gobi. L'empire Uighur s'étendait de l'océan Pacifique à l'Irlande, il occupait une grande partie de l'Asie et de l'Europe. Le pays d'Hyperborée devait en faire partie. Peut-être même les habitants de l'Atlantide étaient-ils à l'origine une colonie de Uighurs, ce qui donnerait dans une certaine mesure raison à Schliemann quand il pensait que la Terre de Mû dont parlait le document de Lhassa n'était autre que l'Atlantide.

L'empire Uighur fut détruit par le même cataclysme qui détruisit l'Atlantide. Ses survivants allaient peu à peu former, du Tibet à l'Europe occidentale, les noyaux de la plupart des nouvelles civilisations. Ces survivants étaient les Celtes ou Aryens dont les deux groupes principaux s'établirent, l'un en Europe, l'autre aux Indes. Une des preuves qui subsistent de la parenté de ces deux groupes est l'étrange affinité des langues celtiques avec le sanscrit relevée dès 1837 par le linguiste suisse Adolphe Pictet.

Les Celtes étaient dirigés par les plus savants d'entre eux, les druides, dépositaires des secrets légués par les ancêtres. Vers 6500 avant notre ère, un de ces druides nommé Ram, qui s'était fixé aux Indes et qui était devenu le chef spirituel de toutes les communications celtiques, réunit celles-ci en une vaste confédération qui englobait l'Asie, l'Europe et l'Afrique. Cet empire pacifique qui avait des ramifications jusque sur le continent américain (les Mayas pourraient être d'origine celtique) gouvernait le monde par l'intermédiaire des druides qui, obéissant aux consignes du pouvoir central, s'attachaient à faire progresser les hommes en développant leur esprit et leur sens religieux.

Des Celtes qui avaient émigré vers les bords accueillants de la Méditerranée y rencontrèrent des peuples réceptifs, les Egyptiens, les Grecs auxquels ils transmirent une partie de leur savoir. « La philosophie a commencé chez les druides » reconnaissait Aristote.

Puis dans les différentes régions où ils s'étaient établis, les Celtes se trouvèrent peu à peu submergés par le développement des populations autochtones qu'ils avaient eux-mêmes éduquées. Leur empire commença à s'effriter en Occident vers l'an 3 000 avant J.-C. Privés de leurs communications avec le pouvoir central, les Celtes d'Europe allèrent s'établir en Gaule, en Scandinavie et dans les îles Britanniques. L' « empire des Indes » dura encore un millier d'années puis, chassés eux aussi par des gouvernements locaux, ses maîtres se réfugièrent, semble-t-il, au Tibet et là, renonçant à s'occuper de la direction politique d'un monde où recommençaient à se déchaîner les instincts de guerre et de conquête, ils se consacrèrent uniquement à la réflexion et à la contemplation.

En Europe, la civilisation druidique, après avoir connu une période florissante, n'allait pas résister elle non plus aux légions romaines puis à l'extension du christianisme. Il existe cependant encore de nos jours des adeptes du druidisme qui était peut-être déjà, il y a 50 000 ans, la religion des hommes de Mû, les premiers civilisés.

4.

Oracles, sibylles et prophètes

La fin du monde romain avait été prophétisée depuis longtemps, elle était d'ailleurs prévisible. La décadence de l'Empire, accélérée par les excès des empereurs fous depuis Tibère, Caligula et Néron jusqu'aux soudards Commode, Domitien, Macrin ou Olibrius, ne pouvait aboutir qu'à une lamentable décomposition.

Mais les chutes des autres civilisations avaient été également annoncées par la foule des mages, devins, oracles qui vaticinaient dans les cités antiques à l'ombre des temples. Ces personnages étaicnt d'ailleurs ou bien prêtres eux-mêmes ou bien instruments dociles entre les mains des prêtres qui leur dictaient les réponses convenables, surtout quand il s'agissait de prédictions à brève échéance susceptibles d'influer sur une décision politique, militaire, éventuellement même commerciale.

Les prévisions d'événements plus lointains, généralement catastrophiques, pouvaient, elles aussi, avoir des conséquences importantes. A force de lui annoncer les pires calamités, le prophète Daniel devait si bien ébranler l'esprit de Nabuchodonosor que celui-ci finit par se prendre pour un bœuf, abandonna son palais et alla brouter l'herbe d'une prairie voisine. Cyrus qui guignait le royaume de Babylone pensa qu'il était temps de s'en emparer pendant que son souverain était aux champs et il accéléra ses préparatifs. Ainsi se réalisa la prophétie.

La Grande Pyramide, Bible de pierre

Une des plus anciennes prophéties retrouvées serait celle inscrite dans la Grande Pyramide de Khéops, une des sept merveilles du monde antique et sans doute de tous les temps. Dans cette véritable « bible de pierre », des chercheurs ingénieux ont pu déchiffrer toute l'histoire du monde depuis 4000 ans avant J.-C. jusqu'à nos jours et même au-delà de l'an 2000.

Cette histoire ne se présente pas sous la forme d'une inscription en caractères hiéroglyphiques ou autres, ce serait trop facile. N'importe quel promeneur baguenaudant dans les couloirs de la Grande Pyramide pourrait alors, avec un minimum d'entraînement, connaître l'avenir du monde, ce qui serait une faveur exorbitante accordée aux abonnés des agences de voyages. Le déroulement des événements présents et futurs figure dans la Grande Pyramide traduit en mensurations très précises qu'il faut savoir interpréter.

Il y a plus de deux siècles déjà, Diderot avait émis l'hypothèse que les pyramides n'étaient pas des tombeaux mais des monuments destinés à abriter l'essentiel des connaissances d'une époque afin de les transmettre aux générations futures. En 1936, Georges Barbarin, l'auteur du *Secret de la Grande Pyramide,* résumait les recherches faites dans ce sens. Georges Barbarin a été en France le pionnier de ces « historiens de l'inconnu » qui se sont consacrés à l'étude des doctrines secrètes, des vérités interdites et des mystères de l'univers dont la révélation permet de jeter quelque clarté sur certaines énigmes de l'aventure humaine. Il a été l'un des premiers explorateurs des « Chemins de l'Impossible ».

Le premier astronome, premier géomètre du monde

La Grande Pyramide fut construite entre 3100 et 2700 avant J.-C. selon les chronologies officielles, bien avant le Déluge selon la tradition. Elle est, dit Georges Barbarin, « le premier astronome, le premier géomètre du monde ». Posée exactement à la base du delta du Nil, elle est orientée avec une précision géométrique, chacune de ses faces tournée vers l'un des quatre points cardinaux, et elle se trouve sur le méridien le plus central du globe puisqu'il sépare en deux parties égales l'ensemble des terres habitées.

La coudée sacrée ou coudée pyramidale utilisée pour la construction du monument est la dix-millionième partie du rayon terrestre. Les 148 mètres 208 de hauteur de la pyramide multipliés par un million donnent à peu de chose près la distance de la Terre au Soleil. La somme des quatre côtés de la base représente 36 624 pouces pyramidaux soit, si nous décomposons horizontalement : 366 jours de 24 heures, durée de notre année bissextile qui revient une fois tous les quatre ans. En additionnant les deux diagonales de la base on obtient 25 826 pouces, ce qui représente approximativement la durée de la grande Année Solaire estimée à 25 920 ans, temps que met le point vernal à visiter successivement les douzes zones du zodiaque.

Enfin la somme des quatre côtés de la base divisée par le double de la hauteur donne la valeur du nombre *pi* : 3,1416 (qu'on devrait sans doute plutôt écrire *py*).

Arrêtons là ces acrobaties arithmétiques : des ouvrages entiers ont été consacrés à l'interprétation scientifique des mensurations de chaque coin et recoin de la Grande Pyramide.

Quelques chercheurs, impressionnés par ces chiffres vertigineux, ont voulu voir plus et plus loin. A l'époque où furent construites les pyramides, la divination jouait un rôle prépondérant aussi bien chez les Egyptiens que chez leurs voisins et rivaux, les Chaldéens. Elle était fondée sur l'astronomie, science sacrée, qui ne faisait qu'une avec l'astrologie. Les prêtres astrologues avaient minutieusement calculé et catalogué les relations qu'ils avaient pu découvrir entre les mouvements des astres et les manifestations de notre monde : phénomènes météorologiques, vie des bêtes et des plantes, santé, humeur et destinée des hommes.

Les architectes de la Grande Pyramide, monument destiné à l'enseignement des générations futures, auraient-ils pu omettre de consigner dans ces « archives de pierre » les subtiles prévisions élaborées par leurs prêtres, détenteurs de toute science ? Non, bien sûr. Et nos chercheurs, éblouis par cette évidence, se sont ingéniés à démontrer que ces architectes n'avaient pas failli à leur mission.

Si l'on suppose a priori — et pourquoi pas ? — que chaque pouce pyramidal, vingt-cinquième partie de la coudée sacrée [1] représente une année solaire normale de 365 jours, ceci dans le couloir d'entrée et jusqu'en haut

1. La coudée sacrée mesurait environ 0,635 mètre, soit pour le pouce 2,542 centimètres.

du grand degré qui continue la grande galerie montante ; que ce même pouce ne représente plus qu'un mois de trente jours à partir du moment où l'on atteint le plan horizontal menant à la chambre du roi... Si l'on admet donc au départ ces deux postulats, toute l'histoire du monde se trouve inscrite dans le dédale intérieur de la Grande Pyramide, en dates précises depuis 4 000 ans avant J.-C. jusqu'à nos jours.

6 000 ans d'histoire rôdent dans les couloirs...

Georges Barbarin et quelques autres, reprenant les calculs de l'astronome Piazzi Smith et du docteur Davidson, ont ainsi lu, aux intersections des lignes de sol et de plafond des couloirs, des chambres de la Grande Pyramide, la date du commencement de l'ère adamique (partant de la naissance d'Adam, soit 4 000 ans avant J.-C. suivant la chronologie biblique), celles de la naissance de Noé (2944 av. J.-C.), du début du Déluge (2344 av. J.-C.) et de divers épisodes de la Bible, puis les dates de la naissance et de la mort du Christ, celles des premiers chemins de fer et de la naissance de l'Age mécanique, de la guerre de 1914-18, de la signature du traité de Sèvres, du début de la crise économique de 1928...

A partir de 1936, la Grande Pyramide annoncerait une entrée dans le « Temps de la Clarté » qui ne serait pas un temps de bonheur lumineux mais plutôt le temps de l'Information, celui où l'homme commencerait enfin à comprendre toute l'horreur de sa destinée et de la lutte qui se livre dans l'humanité entre « les Forces démentes et souterraines et les Forces lucides et intelligentes ».

En revanche 1939 et 1940 ne sont marqués dans la Grande Pyramide par aucun signe ; 1945 y figure sans précision d'un événement quelconque (l'ouvrage de Georges Barbarin, rappelons-le, fut publié en 1936), de même août 1953 et juillet 1992. Quand on songe que les principaux événements du monde en août 1953 ont été au Maroc des émeutes suivies de la déposition du Sultan Mohamed V et en Iran la chute de Mossadegh, on se demande ce qui peut bien nous attendre de si « important » pour juillet 1992.

D'après Georges Barbarin, la dernière date inscrite par les architectes, suivant les données des prêtres astrologues, serait décembre 2001 qui marquerait, sinon la fin du monde, du moins la fin de l'ère adamique.

D'autres relevés et calculs ont pu être faits depuis dans la chambre du roi — dont le seuil indiquerait approximativement septembre 1936. Ces calculs ne semblent pas avoir été publiés ni surtout clairement interprétés. Peut-être leurs auteurs attendent-ils, pour les faire connaître, que se soient produits les événements qu'ils sont censés annoncer. C'est le meilleur moyen de limiter les erreurs.

... *Mais le doute plane dans les esprits*

Il y a en effet plusieurs points étranges dans ces prophéties de la Grande Pyramide :

Elles se vérifient surtout a posteriori pour quelques événements du passé, elles sont très imprécises pour les événements encore à venir, ce qui encourage un certain scepticisme.

Chaque observateur s'ingénie à faire « coller » les dates de la Pyramide avec celles de l'histoire de son propre pays, comme si les prêtres égyptiens, savants serviteurs d'Osiris, avaient pu consacrer leurs veilles à lire dans les astres l'avenir de la France, de l'Angleterre, des Etats-Unis, nations qui n'existaient pas encore, ou la destinée d'Israël, petite peuplade de nomades dont ils se souciaient comme d'une guigne ; en revanche, la Grande Pyramide reste muette sur les avatars des Egyptiens depuis 6 000 ans, il y en a tout de même quelques-uns.

Si, au lieu de donner au pouce pyramidal une valeur de trente jours à partir de la fin du grand degré, on lui laisse sa valeur d'une année, la « chronique de la Grande Pyramide » au lieu de s'arrêter en 2001 se poursuivrait jusqu'en 2444 ; à ce moment quelle chronologie doit-on croire, celle qui arrête notre temps en l'an 2001 ou celle qui lui accorde quatre siècles de prolongation ?

Enfin, pour l'itinéraire suivi à travers la Grande Pyramide, nos calculateurs se basent sur le *Livre des Morts,* rituel égyptien à l'usage des initiés, expliquant par allégories le symbolisme des couloirs et chambres du mystérieux monument. On peut penser que, suivant l'interprétation de ces allégories, l'itinéraire pourrait être modifié... et par là même toute l'histoire du monde.

Je relève dans *l'Enigme du Grand Sphinx,* où Georges Barbarin reprend en la résumant sa théorie sur la chronologie de la Grande Pyramide, cette phrase qui laisse rêveur : « Le 2 septembre 1939 et le 10 mai 1940, dates capitales dans l'histoire *apparente* de l'humanité, ne sont marquées dans la Pyramide par aucun signe, ce qui prouve à l'évidence que les calculs pyramidaux s'appliquent à des événements *non apparents.* »

Il s'agit donc d'événements invisibles, spirituels, de manifestations occultes, insoupçonnées « qui n'ont rien à voir avec les petits démêlés historiques des hommes » et Georges Barbarin conclut : « Il appartient à chacun de dégager les vraies dates morales de la Pyramide. »

Cette façon d'envisager le problème laisse évidemment libre cours à tous les caprices de l'imagination.

Pour conclure à notre tour, disons que les égyptologues qui ont cru pouvoir reconstituer 4 000 ans de l'aventure humaine à coups de pouces sacrés ont un peu surestimé à la fois les dons prophétiques des architectes de la Grande Pyramide et leur propre génie de mathématiciens décrypteurs et d'apprentis devins.

Il n'est néanmoins pas impossible qu'en poursuivant plus avant, avec les moyens que la science met à notre disposition, l'exploration de l'énorme masse de maçonnerie et du sous-sol rocheux de la Grande Pyramide et de ses petites sœurs, on découvre d'autres galeries, d'autres salles qui, lors d'anciens déluges, auraient servi d'abris à des Elohim descendants des Atlantes ou des Hommes de Mû. Dans les archives conservées par ces « connaissants » inconnus et que n'ont pu atteindre les pillards du désert, se trouve peut-être le code qui permettra véritablement de déchiffrer le « secret de la Grande Pyramide ».

La « cuisine » des oracles égyptiens ou grecs

Les prêtres égyptiens qui connaissaient l'histoire des déluges et les tribulations cosmiques responsables de la disparition de plusieurs mondes — ils les ont révélées nous l'avons vu à Platon, à Hérodote et à quelques autres — ne semblent pas avoir lu dans les astres l'annonce de la fin de leur propre civilisation. A moins que, l'ayant lue, ils se soient gardés de la divulguer par raison ou par superstition afin de ne pas provoquer l'accélération d'un processus fatal.

Quant aux autres oracles qu'ils rendaient directement aux fidèles venus les consulter, il est difficile de leur accorder un crédit exagéré. Ces prétendus détendeurs des mystères divins — certains d'entre eux avaient peut-être effectivement des connaissances fort étendues — semblent s'être servis de leur science surtout pour s'imposer au peuple en abusant de sa crédulité. Ils avaient organisé leurs temples en véritables fabriques de prodiges avec portes s'ouvrant toutes seules par la volonté du dieu (aidées par un système de levier et de contre-poids qu'actionnait par pression l'air réchauffé dans une sphère de métal) et avec statues de déesses dont les mamelles exsudaient un lait céleste propulsé de la même façon.

Les oracles émis par les dieux provenaient de statues à la mâchoire articulée qu'un prêtre caché à l'intérieur faisait manœuvrer tout en parlant dans une sorte de tuyau acoustique destiné à amplifier sa voix. Ces prédictions divines étaient soigneusement cogitées sous la direction du grand prêtre surnommé le « Grand Voyant » ou le « Chef des Artistes », comme le seraient quelques siècles plus tard les oracles rendus par la Pythie de Delphes et autres porte-parole des dieux grecs.

Ce genre de « cuisine » prophétique préparée suivant des recettes infaillibles a trop souvent été utilisée au cours des siècles par une multitude de devins, pronostiqueurs et autres mages qui en ont tiré gloire et profit, pour que je ne rappelle pas ce que j'ai déjà écrit par ailleurs [1] justement à propos de la Pythie, cette prophé-

1. Henri Kubnick, *Farces et mystifications de l'histoire*, Hachette.

tesse du temple d'Apollon que l'on venait consulter de toutes les contrées de la Grèce :

« C'était une jeune paysanne que les prêtres choisissaient dans une famille pauvre afin qu'elle fût parfaitement illettrée, « ignorante de toutes choses ». Il fallait également qu'elle fût d'un tempérament hypersensible et sujette à des convulsions, à ces crises hystériques qui désignaient les créatures visitées par le dieu.

« Avant de rendre ses oracles, la Pythie, couronnée de lauriers, devait mâcher des feuilles de ce même laurier consacré à Apollon et dont les vertus excitantes ont été de tout temps exploitées en médecine. Les prêtres la soumettaient également à des fumigations de lauriers et de farine d'orge qui achevaient de la mettre en état réceptif. Puis ils la conduisaient dans le sanctuaire souterrain où elle prenait place sur le trépied sacré posé au-dessus d'un gouffre d'où s'échappaient des vapeurs chaudes, sans doute d'origine volcanique. Sous l'effet de ce vent des profondeurs « qui, dit le savant Strabon, produisait l'enthousiasme », les cheveux de la prophétesse se hérissaient, son visage devenait hagard, elle entrait en convulsions et poussait des cris inarticulés. Elle était prête à rendre ses oracles. Les prêtres lui transmettaient alors les questions posées par les voyageurs venus la consulter, la Pythie répondait en continuant de pousser des cris inarticulés que les prêtres traduisaient en langage clair.

« Les questions devaient être posées par écrit et remises quelques jours avant la consultation (accompagnées d'une offrande substantielle à l'intention du dieu). D'autre part, aux alentours du temple de Delphes, évoluait tout un réseau d'indicateurs chargés d'interroger habilement les voyageurs et de rapporter leurs propos aux prêtres. Ceux-ci, habiles psychologues, pouvaient ainsi donner à chaque consultant une réponse satisfaisante en interprétant à leur guise les vagissements ou les hurlements de la Pythie. »

Les prédictions de l'oracle étaient donc beaucoup plus des conseils donnés aux consultants sur la façon dont ils devaient se comporter pour réussir dans leurs entreprises que des révélations de visionnaires inspirés dévoilant les mystères d'un avenir plus ou moins lointain.

Les prêtres qui décodaient les messages inarticulés de la Pythie étaient aussi prudents qu'astucieux. A un général qui les consultait sur la réussite d'une campagne qu'il se proposait d'entreprendre, ils répondaient qu'« une victoire était possible » sans préciser lequel des deux adversaires avait le plus de chances de vaincre. De même quand Crésus, roi de Lydie, avant de déclarer la guerre aux Perses, voulut avoir l'avis de l'oracle, celui-ci lui annonça : « Un grand empire sera détruit. » Crésus partit confiant, persuadé qu'il allait rapidement écraser l'empire perse. Il fut lui-même encore plus rapidement écrasé, capturé et ce fut la fin de son propre empire. Celui des Perses ne devait être détruit que deux siècles plus tard. L'oracle, qui n'avait pris aucun risque, pouvait se vanter d'avoir tout prévu.

Prudentes prédictions à la petite semaine

Pendant toute l'antiquité, les devins sacrés étaient assaillis à longueur d'année par des consultants qui se pressaient aux portes des temples où ils officiaient, ceci malgré le prix élevé des séances de transes, ou peut-être même à cause de ce prix élevé. Notons en passant que les marchands de prophéties ont été les premiers parmi les commerçants, même grecs, à comprendre que, pour le commun des mortels, la valeur d'une marchandise ne dépend pas de sa qualité mais du prix qu'on la paie.

Le « courant » qu'il fallait assurer, les demandes urgentes qu'ils avaient à satisfaire et qui, en général, concernaient l'actualité immédiate, empêchaient ces précieux oracles de se consacrer à des cogitations gratuites sur les événements des siècles à venir. C'est pourquoi ils ne se sont pas intéressés à une éventuelle fin du monde. D'ailleurs, même s'ils en avaient eu la révélation ils se seraient sans doute gardés — comme leurs collègues égyptiens — de faire connaître l'approche d'une catastrophe finale qui aurait pu inquiéter, peut-être décourager la clientèle.

Ils étaient les intermédiaires indiscutés entre les dieux et les hommes, dans un monde fini, définitif, dont la construction et l'organisation les satisfaisaient sur le plan moral aussi bien que matériel. Ils n'avaient aucun intérêt à saper cet édifice dans lequel ils se sentaient parfaitement à l'aise et ils ne suivaient pas les divagations de quelques philosophes toujours prêts à tout mettre en question.

Les devins romains, augures, sibylles, haruspices étaient, de leur côté, prêtres d'une religion entièrement au service d'un Etat qui prétendait établir sa puissance sur l'univers pour l'éternité. Eux non plus n'envisageaient pas un seul instant la fin de ce monde qui était le leur.

Les visions de Sénèque et Lucain

A l'époque de la décadence, deux Romains d'origine espagnole prophétisèrent la fin de l'Empire et du monde antique. Ils n'étaient ni devins, ni prêtres ; l'un, Sénèque, était philosophe, l'autre, son neveu, était le poète Lucain. Tous deux avaient de bonnes raisons d'être pessimistes. Sénèque, tour à tour orateur mondain, épris de bonne chère, et philosophe ascétique, après avoir failli être condamné à mort par la jalousie de Caligula puis avoir été précepteur, conseiller et ami de Néron en même temps que le favori et peut-être l'amant d'Agrippine, après avoir aidé le fils, ce clown couronné, à se débarrasser de sa mère et de quelques autres gêneurs, après avoir favorisé les vices de son élève devenu son maître et philosophiquement satisfait les siens propres, devait finir par s'ouvrir les veines sur l'ordre de ce même Néron. Lucain, que son oncle avait éduqué en compagnie de Néron, avait lui aussi connu tous les honneurs pour terminer de la même façon dans une baignoire. C'est au cours de son exil, avant de mourir à 26 ans pour avoir conspiré contre le tyran qui mettait Rome à feu et à sang, que Lucain écrivait : « Le feu détruira le monde. Rien n'échappera à la fureur des flammes, le jour où le ciel et la terre seront réunis en un même brasier. »

Sénèque, peut-être influencé par les évangiles que se transmettaient les chrétiens traqués comme lui-même par Néron, pensait que le cataclysme qui se préparait serait suivi d'une renaissance d'un monde meilleur.

« Quand viendra, écrivait-il, le temps où le monde finira pour se renouveler ensuite, les choses se détruiront d'elles-mêmes, les étoiles s'entrechoqueront, la matière s'embrasera de tous côtés et toute l'harmonie que nous admirons aujourd'hui sera consumée dans un brasier universel. »

Les prophètes hébreux, marchands de malheur

Les prophètes qui ont prédit avec plus de constance et de conviction la fin des empires antiques, l'anéantissement de leur peuple et celui de l'humanité entière, sont les prophètes hébreux. L'Ancien Testament est une source inépuisable de promesses de fléaux, de destructions, massacres, exterminations en tous genres et engloutissement final qui, au cours des siècles, ont alimenté les imaginations des prédicateurs, faiseurs d'almanachs et autres annonciateurs de la fin des temps.

Nous avons vu comment Daniel prédit à Nabuchodonosor, puis à Balthazar, la chute de Babylone. Cette même chute avait été prophétisée avant lui, entre autres, par Ezéchiel, Jérémie et Isaïe qui avaient promis tout d'abord au peuple d'Israël qu'en punition de ses péchés Jérusalem, ville d'anarchie, de luxe, d'impiété et d'injustice, serait ruinée de fond en comble, ce qui avait été scrupuleusement accompli par le même Nabuchodonosor.

Daniel avait également prédit l'ascension d'Alexandre le Grand, sa domination sur le monde puis le partage de son royaume « brisé et partagé aux quatre vents ». Il semble avoir eu une vision complète de la guerre qu'allaient se livrer pendant de longues années le roi du Nord (les Séleucides, Antiochus III et IV) contre le roi du Midi (les rois d'Egypte Ptolémée V et VI), guerre au cours de laquelle Jérusalem serait attaquée et pillée. En 168 av. J.-C. les Juifs furent chassés du Temple par les soldats d'Antiochus IV qui le profanèrent. Une statue de Jupiter olympien y fut élevée. Cette prise de Jérusalem devait, selon Daniel, marquer l'approche imminente du « temps de la fin » et de « l'abomination de la désolation ».

« Ce sera, dit-il, un temps de détresse qui ne s'est pas produit depuis qu'il existe un peuple jusqu'à ce temps-ci. » Mais il ajoutait : « Beaucoup de ceux qui dorment dans la terre de la poussière se réveilleront : ceux-ci pour la vie éternelle, ceux-là pour la honte, pour l'horreur éternelle » (Daniel XII, verset 2).

Les « temps » de Daniel...

Le prophète précisait, au verset 7 du même livre, que tout cela devait arriver dans « un temps, des temps, et la moitié d'un temps » et, au verset 11, que l'abomination de la désolation devait s'établir au bout de 1 290 jours. Dans le verset suivant, avant-dernier du Livre de Daniel, il était dit : « Heureux celui qui attendra et arrivera à 1 335 jours ! » ce qui semblait indiquer qu'au 1 335e jour se produirait la résurrection promise.

On a bien entendu glosé sur la signification, d'une part de ces « temps », d'autre part de ces « jours ». Le temps est souvent interprété comme l'année normale, les temps étant le pluriel simple, soit deux ans. Donc un temps, des temps et la moitié d'un temps feraient trois ans et demi, ce qui correspondrait à peu près à la durée des sévices qu'Antiochus IV fit subir aux Juifs avant d'être chassé de

Jérusalem par Judas Maccabée, en 164 av. J.-C. Cela correspondrait aussi très approximativement aux 1 290 jours du verset 11 et aux 2 300 soirs et matins dont Daniel parle par ailleurs (VIII, 14).

... et l'infaillibilité de ses prophéties

Le prophète aurait donc prévu exactement la durée de l'occupation de Jérusalem par les féroces soldats d'Antiochus. Ce qui affaiblit singulièrement la prédiction, c'est que le livre de Daniel n'a pas été écrit par le prophète lui-même ou de son vivant, vers 590 av. J.-C., mais seulement vers 163 av. J.-C., c'est-à-dire environ un an après la libération de Jérusalem par Judas Maccabée. Ce n'est en réalité qu'une chronique des malheurs passés d'Israël et un chant d'espérance en une vie meilleure. L'auteur, sans doute témoin des sévices subis par ses coreligionnaires, pensa donner plus de poids et de vérité à son ouvrage en l'attribuant au vieux prophète mort depuis plus de quatre siècles.

Cette mise au point ne gêne aucunement les partisans inconditionnels de l'infaillibilité des prophéties de Daniel. Continuant d'interpréter les jours, semaines, années et « temps » indéterminés que le prophète mélange à plaisir, ils ont essayé de leur donner toutes les valeurs possibles et se sont lancés dans une escalade d'hypothèses, de calculs et de déductions.

Ainsi, les 1 290 jours du chapitre XII, verset 11 pourraient fort bien être des « jours d'année » de même que les 2 360 soirs et matins du chapitre VIII, verset 14. Dans ce cas, le visionnaire inconnu qui s'abritait derrière le nom de Daniel aurait, sous le couvert de faits récents, évoqué des événements similaires mais beaucoup plus importants qui se dérouleraient dans l'avenir : la guerre du roi du Nord contre celui du Midi, une nouvelle chute de Jérusalem et une définitive abomination de la désolation. Ceci devait se produire au bout de 1 290 ans, de 2 300 ans, ou « dans un temps, des temps et la moitié d'un temps ». Le « temps » peut être alors soit une « année d'année » de 360 ans, soit le « jour de Dieu » de 1 000 ans, le « jour solaire » de 2 160 ans, soit encore l'année solaire » de 25 920 ans. La prophétie peut ainsi mener très loin. Nous verrons jusqu'où elle a mené, au cours des siècles, les explorateurs de l'avenir qui y ont puisé leur inspiration. Inspirations d'autant plus variées que le prophète ne précise pas la date à partir de laquelle doivent être comptés ces jours et ces temps : est-ce celle de la prise de Jérusalem par Antiochus IV ou de sa libération ? Celle de l'avènement du premier roi du Nord, Antiochus Soter (281 av. J.-C. ce qui, à la fin des 1 290 ans, aboutirait à peu près à ce fameux « An mille » dont nous aurons l'occasion de parler), ou est-ce une date plus reculée encore ? Le champ des suppositions est ouvert et les lanceurs de ballons y ont gambadé joyeusement, multipliant les essais très vite transformés en convictions.

Les prophètes : aèdes ou bardes inspirés

Avant d'aller plus loin, il serait peut-être utile de préciser qui étaient ces prophètes de la Bible à qui l'on se plaît à attribuer une vocation divinatoire universelle.

Chez les Hébreux dont toute la vie familiale, économique et sociale était régie par la religion, les prophètes étaient des orateurs, des poètes inspirés qui, sur la place publique, improvisaient en s'accompagnant au luth des complaintes, des cantiques, des hymnes célébrant Iahvé et paraphrasant en paraboles et allégories certains passages de la loi. A l'origine, ces prophètes étaient en somme l'équivalent des aèdes grecs qui chantaient les exploits des héros et des demi-dieux, ou des bardes celtes célébrant les divinités de la nature. Ils formaient une confrérie indépendante de celle des prêtres et, tout au long des tribulations d'Israël, ils allaient prendre une importance de plus en plus grande.

Alors que les prêtres se contentaient d'être les servants du culte, de pratiquer le cérémonial rituel, de ne connaître et de n'appliquer que la lettre de la loi, les prophètes expliquaient cette loi, la commentaient en un langage fleuri qui flattait les oreilles de leurs auditeurs. Ils ne se gênaient pas pour critiquer également les mauvais prêtres, les fonctionnaires abusifs, les riches et les puissants qui voulaient imposer leur tyrannie. Ils traînaient lyriquement dans la boue les mauvais juifs aussi bien que les ennemis de la religion et du peuple, et ils exaltaient chez celui-ci les sentiments de piété, d'amour de son prochain. Entre les prêtres enfermés dans le temple et les prophètes qui assuraient le spectacle au coin des rues, le public eut vite choisi. Les prophètes furent considérés comme les véritables porte-parole de Iahvé, les seuls dépositaires de l'autorité religieuse, l'état-major pensant dont les prêtres apparaissaient comme les simples exécutants.

Ces prédicateurs, poètes et musiciens, détenteurs de l'essentiel des connaissances de leur temps, étaient également historiens, médecins, physiciens et savaient tirer parti des forces secrètes de la nature, ce qui leur permettait de réaliser des « miracles » qui stupéfiaient les naïfs et rehaussaient encore leur prestige.

Devenus les meneurs sacrés du peuple d'Israël, ils agitaient tour à tour les deux armes des tribuns civils ou religieux : la peur et la consolation, la menace de toutes les calamités et la promesse d'un bonheur idéal, le bâton et la carotte.

Leur connaissance du présent et du passé leur permettait de prévoir logiquement, comme tout politicien, économiste ou sociologue averti, un certain nombre d'événements prochains, ce qui les faisait passer pour des voyants. Mais ces robustes bergers qui essayaient de mener tant bien que mal leur troupeau souvent récalcitrant à travers les embûches de l'intérieur et de l'extérieur, n'étaient ni astrologues, ni devins, ils n'étaient préoccupés que du salut présent et futur d'Israël. On ne conçoit pas qu'ils aient éprouvé le besoin, comme les constructeurs de la Grande Pyramide, de s'intéresser à l'avenir politique, religieux et social des lointaines contrées d'un Occident ignoré.

Rencontres et coïncidences

Il y a bien sûr des rencontres, des coïncidences... Il en existe dans toutes les prophéties, il suffit de les chercher ou de les faire surgir en interprétant les textes pour leur faire dire ce qu'on souhaite qu'ils signifient. Il suffit, suivant l'époque, de remplacer Babylone par Rome ou par Paris, le roi du Nord tantôt par les barbares,

Vandales, Goths et Alamans, tantôt par les Huns, Russes ou Tartares, le roi du Midi par les Etats arabes, pour découvrir que Daniel a prédit la chute de l'empire romain, les vicissitudes de l'église de Rome au Moyen Age, le sac de Rome par les Impériaux en 1527 et, d'autre part, les différentes invasions passées et futures de la France, du Moyen Age à l'an 2000 et au-delà.

On attribue également à presque tous les prophètes la prédiction de la venue du Messie. En réalité, en fervents agents de propagande du culte de Iahvé, ils souhaitaient tous voir un jour Israël et les autres peuples alliés ou soumis à Israël, gouvernés par un souverain unique réunissant en lui tous les pouvoirs civils, religieux et militaires, un souverain peut-être issu de la confrérie des prophètes. En annonçant la venue de ce maître suprême, ils se contentaient d'exprimer un vœu secret et, comme le dit le proverbe chanté par Villon : « Tant crie-t-on Noël qu'il vient. »

Ce qui peut paraître troublant c'est, par exemple, l'annonce par Isaïe du triomphe final de Jérusalem que semblent confirmer les événements actuels du Proche-Orient :

« Les fils de l'étranger reconstruiront tes murailles
Et leurs rois seront à ton service...
La nation et le royaume qui ne te serviront pas périront
Et les nations seront vouées à la ruine...
La gloire du Liban viendra chez toi...
Tu suceras le lait des nations,
Tu suceras la mamelle des rois... »

Isaïe, le premier des grands prophètes, vécut au VIIIe siècle avant J.-C. mais la deuxième partie du livre publié sous son nom contient des poèmes qui évoquent la fin de la captivité du peuple d'Israël et sa renaissance après la prise de Babylone par Cyrus, en 538 av. J.-C.

Le barde anonyme qui chantait ces psaumes aux carrefours de Jérusalem retrouvée célébrait avec enthousiasme la libération de la capitale d'Israël. Entraîné par un lyrisme tout oriental, il accumulait les images vengeresses dans des couplets que les passants reprenaient en chœur et qui leur faisaient oublier l'amertume de la défaite, les souffrances de la captivité. A l'imitation de tous les autres membres de la confrérie, il annonçait le triomphe final de la race et de la religion d'Israël. Mais doit-on réellement voir dans ces chants de circonstance pleins d'exagérations propres à flatter un peuple en liesse, une prédiction précise de la destinée du reste de l'univers ? Une telle interprétation semble relever elle aussi de l'exagération poétique.

Les Etrusques connaissaient leur avenir

Le seul peuple de l'Antiquité dont l'avenir paraît avoir été prévu avec une assez étonnante exactitude et avec une sorte de rigueur scientifique est le peuple étrusque.

Les Etrusques ou Thyrrhéniens, d'origine celte sans doute, seraient venus s'établir en Italie vers le xe siècle avant J.-C. Ils auraient fondé plusieurs cités dont Adria qui donna son nom à la mer par laquelle ils étaient venus, l'Adriatique, tandis que, de l'autre côté, la mer qui les avait arrêtés prenait leur propre nom : mer Thyrrhénienne.

Leurs prêtres pratiquaient une savante divination basée sur l'examen du vol des oiseaux, de la foudre et d'autres phénomènes se manifestant dans les espaces célestes. A première vue, cela nous paraît correspondre aux observations que font encore nos vieux paysans et dont ils déduisent les prévisions météorologiques à court terme souvent plus exactes que celles de la Météorologie nationale.

Pour les besoins de leur divination, les prêtres étrusques avaient divisé le ciel à l'aide de deux lignes imaginaires orientées nord-sud et est-ouest qui délimitaient quatre compartiments eux-mêmes souvent partagés en cases plus petites. Les haruspices romains devaient à leur tour adopter ce système et ils baptisèrent l'espace ainsi divisé *templum,* du grec *temenos* « coupé ». Le mot temple servit également à désigner le lieu découvert où les haruspices faisaient leurs observations et sur lequel ils avaient reproduit les divisions du ciel.

Les prêtres étrusques, après avoir ainsi découpé l'espace, avaient été tentés de découper de la même façon le temps, non pas simplement le temps quotidien naturellement fractionné par la succession des jours et des nuits, mais surtout les « grands espaces de temps ». Partis de l'étude du vol des oiseaux qui les avait conduits à essayer de définir ce premier indéfinissable, l'espace, ils se plongèrent dans l'étude de cet autre indéfinissable, le temps. Ils arrivèrent peu à peu à cette conviction que l'histoire de l'humanité était elle aussi découpée en périodes à peu près égales et que chaque civilisation était enfermée dans une de ces périodes. Leur théorie se résumait à peu près à ceci : « Un certain nombre d'âges ont été assignés aux hommes et aux choses humaines et leur passage de l'un à l'autre est chaque fois annoncé par des apparitions et des signes au ciel et sur la terre. » C'est, énoncé il y a plus de 3 000 ans, le principe des « cycles de l'histoire ».

Le destin de l'Etrurie se situait dans une de ces périodes. Selon leurs calculs — dont on ignore malheureusement les bases — la volonté divine avait fixé à dix siècles ou âges d'homme la durée de l'empire étrusque. La vérification qui, au premier abord, paraît simple, se révèle plus difficile à la réflexion. D'abord on ne sait pas à quelle date débuta cet empire. Ensuite les Etrusques qui avaient, semble-t-il, inventé la notion de *siècle,* donnaient à cet espace de temps une durée très particulière. Chaque siècle se terminait avec la mort du citoyen qui, né à la fin du siècle précédent, avait vécu le plus longtemps : c'était exactement le « temps d'une vie humaine ». La longueur de chaque siècle dépendait donc de la longévité du « recordman » de la génération. Ainsi les quatre premiers siècles de l'histoire étrusque devaient durer cent ans (durée qui allait être définitivement adoptée par les Romains) mais le cinquième siècle dura 128 ans, les sixième et septième 118 ans...

De toute façon, après de longues luttes contre les Romains et de sanglantes défaites, au IVe et au IIIe siècle avant notre ère, les Etrusques furent définitivement absorbés en 87 av. J.-C. et leur civilisation fut ruinée par leurs vainqueurs, détruite de fond en comble ou absorbée elle aussi jusqu'à ne plus laisser que des traces infimes.

Les historiens anciens prétendent que la fin des Etrusques se produisit exactement à la date prévue dix siècles auparavant par leurs prêtres. Il serait vraiment dommage de discuter un accomplissement aussi exceptionnel. Croyons-les donc sur parole.

5.

De l'Apocalypse à l'an mille

Le Nouveau Testament contient plusieurs prédictions de la fin du monde — ou de la fin d'un monde — plus directes et plus générales que celles des anciens prophètes. Elles concernent non plus le seul peuple d'Israël mais l'ensemble de l'humanité. Il y a d'abord les paroles mêmes du Christ au mont des Oliviers, paroles prononcées peu avant son arrestation, en l'an 30, et scrupuleusement rapportées une vingtaine d'années plus tard, dans le premier évangile, par l'apôtre Matthieu, ancien percepteur qui avait quitté l'administration pour suivre le Messie.

Cette génération ne passera pas...

Après avoir annoncé à ses disciples que le Temple de Jérusalem qu'ils ont sous les yeux sera détruit, qu'il n'y aura « pierre sur pierre qui ne soit défaite », il leur prédit des famines, des « secousses » qui ne seront que le « commencement des douleurs ». Les chrétiens seront persécutés, de faux prophètes se lèveront pour égarer les esprits et on verra s'établir « l'horreur dévastatrice dont parle le prophète Daniel ».

Là-dessus, « le soleil s'obscurcira, la lune ne donnera plus sa clarté, les étoiles tomberont du ciel et les puissances des cieux s'agiteront ». Tout ceci jusqu'au moment où le fils de l'homme apparaîtra enfin dans toute sa gloire pour récompenser les bons et punir les mauvais. Le Christ conclut : « Oui, je vous le dis, cette génération ne passera pas que tout ne soit arrivé. »

La plupart des apôtres, à la suite de Matthieu, ont repris ces paroles et les ont développées. Marc et Luc répètent avec insistance : « Cette génération ne passera pas que tout ne soit arrivé. » Paul, dans ses deux épîtres aux Thessaloniciens, fait allusion à la nouvelle venue du Christ qui ne sera dévoilée qu'en son temps et que précédera l'apparition de « l'homme d'iniquité, le fils de perdition », ce personnage diabolique qui sera baptisé plus tard l'Antéchrist.

Pierre, dans sa première épître, la seule qu'il ait dictée, environ trente ans après la mort du Christ, à l'intention des chrétiens d'Asie Mineure, leur rappelle d'abord que Jésus « connu avant la fondation du monde, s'est manifesté pour vous à la fin des temps ». Pour Pierre donc, la fin des temps appartient déjà au passé et le monde, depuis la venue du Messie annoncée par les prophètes, est entré dans une ère nouvelle.

La fin des temps et la fin de tout

Un peu plus loin, il déclare pourtant que « la fin de tout est proche » et que bientôt « le jugement va commencer par la maison ». Ce n'est pas aussi contradictoire que cela peut paraître. Ce qu'il nomme « la fin des temps » est la fin de la période d'attente du Messie, la fin des temps d'ignorance, le début de la religion de l'amour et de la charité. La fin de tout ne viendra qu'après cette fin des temps, lorsque la religion nouvelle aura rayonné sur le monde entier.

Il le confirme par la comparaison qu'il fait entre le baptême et le Déluge : « La réplique de cette eau (celle du Déluge) est maintenant l'immersion qui vous sauve aussi » (comme l'arche a sauvé Noé et les siens).

Le catéchumène brusquement plongé dans l'eau n'était pas seulement purifié mais il subissait en quelque sorte la noyade du Déluge et, aussitôt repêché, il renaissait à un monde nouveau.

Dans la deuxième épître de Pierre, rédigée par un de ses disciples plusieurs années après sa mort, il est précisé que, de même qu'autrefois le monde a déjà péri par les eaux, « les cieux et la terre de maintenant sont amassés pour le feu... Le jour du Seigneur arrivera comme un voleur et alors les cieux passeront dans un sifflement, les éléments embrasés se dissoudront... »

L'évangéliste anonyme cite ce passage des psaumes que nous connaissons : « Et, chers, n'oubliez pas qu'un jour devant le Seigneur est comme mille ans et mille ans sont comme un jour. »

Toutes ces déclarations devaient avoir leur aboutissement en forme d'apothéose dans l'Apocalypse de Jean.

Apocalypse égale dévoilement

L'Apocalypse est le plus magnifique poème qui ait jamais été écrit sur la fin du monde : un étonnant mélange de simplicité et d'exaltation, un texte précis, dépouillé comme un inventaire et qui part en envolées sublimes où se mêlent des clartés fulgurantes et des symboles obscurs ; un poème qui à la fois intrigue et éblouit, terrifie et captive.

« Apocalypse », ce mot qui résonne dans notre esprit comme une fantastique chevauchée des Walkyries et de tous les démons infernaux, signifie en grec, on le sait, « révélation » ou « dévoilement ». N'est-ce pas une suprême ironie de penser que ce terme qui nous sert à évoquer la catastrophe la plus épouvantable, la plus définitive à laquelle est exposé le genre humain, puisse en même temps définir une action aussi aimable que celle de l'avocat de la belle Phryné dévoilant sa cliente devant ses juges ?

Jean l'Evangéliste, fils de Zébédée, fut avec son frère Jacques parmi les tout premiers disciples du Christ. Il fut aussi celui des apôtres qui vécut le plus longtemps, peut-être jusque vers les années 80 ou 90. On ignore le lieu et la date de sa mort, on connaît très peu le personnage lui-même, ce qui a permis à un certain nombre de négateurs par principe d'affirmer que ce n'est pas lui qui a écrit l'Apocalypse. Cela ne retire d'ailleurs rien à la valeur de l'œuvre et au génie de son auteur.

Au temps du « Néron chauve »

L'Apocalypse fut composée vers 90 ou 96, c'est-à-dire un quart de siècle après la mort de Néron, sous le règne de Domitien, fils cadet de Vespasien et successeur de son frère aîné Titus qui, avant de monter sur le trône avait, en 70, écrasé une révolte des Juifs et ruiné Jérusalem. Domitien lui-même, après avoir, comme disaient ses professeurs, donné les plus belles espérances, avait très vite tourné au tyran, méritant le surnom de « Néron chauve ». Au début de son règne, une de ses plus passionnantes occupations était de s'enfermer une heure par jour pour capturer des mouches et les percer une à une avec une aiguille. Il appliqua bientôt un traitement équivalent aux patriciens romains que lui signalaient ses délateurs à gages puis aux chrétiens contre lesquels il organisa une persécution aussi féroce que celle de Néron.

C'est donc au milieu des râles des suppliciés qui emplissaient l'Empire, dans une atmosphère de véritable fin du monde que fut conçue et écrite l'Apocalypse. Elle est d'abord, comme les déclamations des prophètes bibliques, une œuvre de circonstance, un hymne de douleur, de réprobation et d'espérance. Elle est aussi et surtout une vision vertigineuse, ou plutôt une succession de visions d'une richesse, d'une variété, d'une ampleur dépassant toute imagination, qui résument l'histoire du monde et font apparaître, au fur et à mesure que sont ouverts les sept sceaux scellant le mystère de l'avenir, tous les fléaux, tourments et calamités qui s'abattront sur l'humanité dans les derniers temps.

Annonce de la fin de Rome et du nouveau Messie

« L'instant est proche » est-il dit au verset 3. Les chrétiens du premier siècle qui avaient en mémoire la parole du Christ « cette génération ne passera pas... » virent dans l'Apocalypse l'annonce de la fin à brève échéance de Rome, « cette grande ville qu'on appelle en esprit Sodome et Egypte... Babylone la grande, elle qui faisait boire à toutes les nations le vin de fureur de sa prostitution... » La fin de Rome impliquait le retour du Christ, non plus agneau immolé, mais cette fois en pleine gloire, monté sur un cheval blanc et suivi des armées du ciel. « Ses yeux sont une flamme de feu... Une épée aiguë sort de sa bouche pour frapper les nations. C'est lui qui les fera paître avec une trique de fer... »

Auparavant il fallait que se manifestât de nouveau la bête malfaisante, « le grand dragon, l'antique serpent qu'on appelle le diable et le Satan », cet Antéchrist que le Seigneur devait exterminer. Si le premier Antéchrist était Néron, le second pouvait fort bien être Domitien, son successeur en cruauté. Dans ce cas, le retour du Christ ne devait pas tarder. « Les nations fouleront la ville sainte 42 mois » dit un des anges qui s'adressent au visionnaire.

La mesure du temps étant aussi fantaisiste ou symbolique dans l'Apocalypse que chez les prophètes de l'Ancien Testament, 42 mois représentent ou bien 42 mois d'année, ou bien 168 semaines d'année, ou encore 1 260 jours d'année, soit 42, 168 ou 1 260 ans.

Si l'on prend pour bases la première durée de 42 ans et l'Apocalypse écrite en 90, cela nous mène à l'année 132 où éclata, sous le règne d'Hadrien, le soulèvement massif des Juifs dirigés par Bar-Kochebas qui se proclamait le véritable Messie prévu par les prophètes. La révolte dura plus de trois ans, les Romains eurent beaucoup de peine à la mater et la répression fut sanglante. Le temple fut détruit pierre sur pierre, comme l'avait prédit le Christ un siècle plus tôt.

La répression fut suivie de la diaspora, la dispersion des Juifs, qui marqua la fin de l'Etat d'Israël. Celui-ci ne devait renaître que 1 900 ans plus tard. C'était bien la fin du monde. Ce qu'avait annoncé le Christ, en reprenant d'ailleurs les prédictions de plusieurs anciens prophètes, et qui devait arriver avant la fin de « cette génération », s'était bien réalisé.

Mille ans de félicité

« J'ai vu, disait l'auteur de l'Apocalypse, un ange descendre du ciel avec la clé de l'abîme et une grande chaîne dans la main. Il a tenu le dragon, l'antique serpent qui est le diable et le Satan et l'a enchaîné pour mille ans... »

Dès le début du IIe siècle, la plupart des chrétiens toujours persécutés trouvèrent dans ce passage l'espoir de l'adoucissement de leurs maux. Le symbole était évident : les apôtres et leurs successeurs, en propageant la religion de l'amour du prochain, étaient en train de supprimer le mal pour une période de 1 000 ans — un jour du Seigneur. A ce moment, l'Antéchrist s'éveillerait, sortirait de l'abîme et tenterait de provoquer une fin du monde dans les massacres et la désolation. Mais le Christ triomphant reviendrait l'exterminer définitivement et ce serait le début d'une nouvelle période de 1 000 ans de bonheur parfait : le millénium.

Les nations hostiles aux chrétiens seraient rayées de la surface de la terre. Dans une Jérusalem toute neuve, édifiée sur les ruines de la précédente, le Messie érigerait un empire universel de justice et de bonté où tous les survivants de la lutte contre l'Antéchrist mèneraient une existence de délices. Les fondements de cette éblouissante Jérusalem seraient en rubis et en saphirs, ses remparts en cristal. « Dans chaque vigne, renchérit Papias, évêque d'Hiérapolis en Phrygie, les ceps auront chacun 10 000 branches, chaque branche aura 10 000 pampres, chaque pampre 10 000 grappes et chaque grappe 10 000 grains. »

Cette croyance, décorée du nom gracieux de chiliasme — du grec *khilias,* millier — fleurit assez longtemps dans tout l'Orient et une partie de l'Occident. Elle fut énergiquement combattue au troisième siècle par Origène, d'Alexandrie, qui trouvait peu édifiantes, incompatibles avec l'enseignement du Christ, de telles promesses d'installation dans le luxe, l'abondance et dans des plaisirs uniquement sensuels.

D'autre part, l'époque des persécutions était à peu près terminée. Les chrétiens, qui n'étaient plus traqués, hantés par la crainte du bourreau, pouvaient mener une existence normale, se livrer à l'exercice de leur culte sans être obligés de se cacher. Ils éprouvaient moins le besoin de rêver à un monde terrestre meilleur, surtout si celui-ci ne devait leur être offert qu'au bout d'un millier d'années.

Quand les bons pères fabriquaient l'enfer

En même temps, l'Eglise s'organisait, elle commençait à définir ses dogmes. Puisant les éléments de leur doctrine dans l'Ancien et le Nouveau Testament, dans les traditions orales, dans leurs propres spéculations métaphysiques, amalgamant le tout au besoin avec certaines croyances ou pratiques empruntées au paganisme, les théologiens, Pères de l'Eglise, s'en donnaient à cœur joie. Ils s'entraînaient à manier tour à tour l'anathème et la bénédiction, ils légiféraient, tranchaient avec autorité entre ce qui était orthodoxie ou hérésie, bon pour le troupeau des âmes ou à rejeter impitoyablement. A peine libérés des persécutions extérieures, ils préparaient méticuleusement, à l'aide d'un arsenal d'articles de foi, préceptes et autres canons, les persécutions intérieures, les cachots et les bûchers de la future Inquisition.

Ces esprits austères ayant éliminé le trop voluptueux paradis terrestre espéré par les chiliastes, pensaient que la promesse d'un paradis céleste n'était pas suffisante pour maintenir les chrétiens dans le droit chemin. Leur demander de renoncer à des satisfactions immédiates au profit de béatitudes hypothétiques qui les attendaient dans un Eden inconnu, c'était un peu demander à des affamés de ne pas toucher à un croûton de pain posé devant eux et d'attendre le merveilleux repas qui leur sera servi après leur mort.

Mais si l'homme n'est que modérément impressionné par des promesses de bonheurs trop lointains, il l'est plus vivement par des menaces de souffrance. Au temps des persécutions, beaucoup de chrétiens avaient pu supporter les pires tortures parce qu'ils étaient soutenus par leur foi et aussi parce qu'ils avaient la certitude qu'ensuite et de toute éternité ils ne souffriraient plus. Comme disait ce bourreau, pour rassurer un condamné qu'il conduisait au supplice : « Ce n'est qu'un mauvais moment à passer. » En revanche, la crainte d'une souffrance à venir est souvent plus forte que la souffrance elle-même et, si l'on vous persuade que la souffrance qui vous attend sera éternelle, l'obsession devient intolérable.

Les bons Pères de l'Eglise, fins psychologues — ou experts en cruauté mentale — l'avaient fort bien compris. Ils ont enjolivé à leur façon le séjour souterrain, le Shéol des Hébreux, pays de la nuit sans fin et de la poussière où allaient dormir les âmes des morts. Ils ont fait de ce domaine du long sommeil un domaine beaucoup plus animé, comme l'était la partie des Enfers des Grecs et des Romains réservée aux coupables torturés par Rhadamante et précipités ensuite par les Furies dans des abîmes sans fond. Avec l'imagination maladive des refoulés, ces théologiens se sont ingéniés à fabriquer des démons et des monstres aux formes extravagantes, ils les ont spécialisés dans les supplices les plus horribles, en ont peuplé l'enfer et ont promis aux chrétiens qui n'observaient pas les rites prescrits, un séjour éternel dans cette géhenne aménagée à leur intention.

Ces créations diaboliques ont certainement plus fait pour le succès de l'Eglise Apostolique et Romaine que tous les anges et saints du paradis. Pendant de longs siècles, les fidèles ont souhaité l'intercession de la religion, moins pour gagner un paradis dont les joies ne leur semblaient pas très excitantes que pour éviter un enfer qui les terrifiait.

La grande peur de l'an 1000

Dans ces conditions, alors que de tous côtés les Barbares commençaient à se disputer les restes de l'empire romain et s'apprêtaient à se ruer en masse sur le monde occidental, les prédictions de l'Apocalypse prenaient une force nouvelle.

Les mille ans pendant lesquels Satan devait rester enchaîné étaient très sérieusement entamés. Si on les comptait, comme l'ère chrétienne, depuis la naissance du Christ, leur terme devait être l'an 1000. En cette année fatidique, l'esprit du mal serait brusquement délivré. La crainte du diable, sciemment entretenue dans le cœur des fidèles, leur faisait oublier la deuxième partie de la prédiction : la venue du Christ qui exterminerait la bête immonde et ferait régner 1 000 ans de bonheur. On n'osait plus, on ne voulait plus y croire. En l'an 1000, ce serait l'enfer qui remonterait des profondeurs et envahirait toute la terre, ce serait la fin du monde.

Cette conviction allait s'amplifier, prospérer au fur et à mesure que l'on s'approchait du terme redouté et elle devait provoquer ce phénomène jusqu'à présent à peu près unique dans les annales de nos civilisations : la Grande Peur de l'An Mille.

Qu'on imagine la situation du monde occidental à la fin du dixième siècle de notre ère.

Après la chute de l'empire romain, l'empire de Charlemagne a disparu à son tour, partagé en trois royaumes bientôt déchiquetés en une multitude de domaines féodaux. En France, Hugues Capet, élu roi en 987, et son fils Robert le Pieux qui lui a succédé en 996, essayent tant bien que mal de maintenir un semblant d'autorité sur leurs vassaux brouillons, querelleurs et souvent plus puissants qu'eux.

Les différents pays d'Europe ont été ravagés tour à tour par les Vandales, les Goths, les Huns, les Arabes, les Normands, les Hongrois. Les campagnes sont sillonnées de troupes de soldats ou de brigands qui s'exterminent sans pitié et se réconcilient juste le temps de massacrer et de dépouiller les populations chez qui elles ont établi leurs champs de bataille.

Les signes du ciel et de la terre

La désolation est partout et la nature elle-même se met de la partie. Des pluies diluviennes, des averses de grêle détruisent les récoltes, des nuées persistantes voilent le soleil. Il arrive que l'on gèle en été alors que certaines journées d'hiver sont torrides. Il semble que l'ordre des saisons ait été brusquement bouleversé. Des tremblements de terre ébranlent l'Europe. En 993, le Vésuve entre en éruption puis, dit un chroniqueur, « presque toutes les cités de la Gaule et de l'Italie furent en flammes. A Rome, le feu prit à des poutres de l'église Saint-Pierre et les assistants supplièrent par la prière saint Pierre de les aider. Aussitôt les flammes s'éteignirent ». Une pluie de sang s'abat sur l'Aquitaine. Il est impossible de laver les taches qu'elle fait sur les vêtements, sur la peau, sur les murs des maisons. Certains prétendent avoir vu passer dans le ciel une comète au sillage fulgurant en forme de serpent, d'autres ont vu tomber des globes de feu qui enflammaient les maisons.

La guerre, les catastrophes naturelles entraînent inévitablement la famine. « Sur 73 ans, dit le chroniqueur bourguignon Glaber qui a noté tous les détails de cette approche de fin du monde, il y en a eu 48 de famines et d'épidémies... Le muid de blé s'éleva à 60 sols d'or... » Les riches défendaient leurs réserves de provisions les armes à la main. Dans certaines régions, de pauvres gens allèrent déterrer les cadavres dans les cimetières pour les manger. Nous retrouvons là le phénomène inévitable du cannibalisme déjà évoqué à propos de la fin du monde de Mû.

Les épidémies, inséparables des famines, allaient achever de faire de l'Occident une vaste nécropole. L'Aquitaine et le Limousin furent ravagés par la peste. Des malheureux dont « la chair se détachait de leurs os et tombait en pourriture », se pressaient par milliers dans d'interminables processions, s'entassaient dans les églises et « mouraient sur les reliques des saints ». Ailleurs c'était le Mal des Ardents qui dépeuplait des régions entières : un feu caché qui consumait les membres et les détachait eux aussi du corps. Ce feu que l'on disait envoyé par le diable et qui sévit particulièrement en 997 était en réalité une sorte de charbon pestilentiel. Parfaitement égalitaire, il tuait en une nuit, dit le chroniqueur, « aussi bien les petites gens que les prélats, ducs et comtes les plus distingués ».

Famines et épidémies engendrèrent une autre calamité. Les loups, alléchés par la multitude des cadavres sans sépulture, commençaient à s'attaquer aux hommes ; ils envahirent par bandes entières les villages et bientôt les villes.

Comment les témoins de ces horreurs n'auraient-ils pas été persuadés que c'était le commencement de la fin du monde ?

L'annonce du Jugement dernier

Dès l'an 909, le concile de Trosly avait invité les évêques à rendre compte de leurs actes car le Jugement dernier devait arriver. En 940, le prédicateur Abdon de Fleury annonça publiquement à Paris la fin du monde ; dans le courant des années suivantes, d'autres prêchèrent que l'Antéchrist apparaîtrait à la fin de l'an mille et que le jugement général suivrait de peu. Des signes, des prodiges de toutes sortent vinrent confirmer ces déclarations. Le chroniqueur Gerber a soigneusement relevé les principaux :

« En 920, dans le diocèse de Reims, un cierge fut allumé trois fois par un feu céleste et on vit là une fille qui sua du sang. En 922, près de Cambray, on vit dans le ciel trois soleils puis deux javelots ; et aussi deux branches d'arbre qui s'avançaient l'une vers l'autre jusqu'à ce que la nuée les cachât.

« En 934, il y eut plusieurs illuminations de chandelles dont la lumière s'alluma d'un coup, un peu partout en France. En 936, la lune fut couleur de sang et sa lumière vive la nuit.

« En 940, on vit se mouvoir des armées dans le ciel... On vit dans Paris des démons sous forme de cavaliers détruire une église, arracher toutes les vignes de Montmartre. »

En 958, alors que l'empereur d'Allemagne Otton Ier dit le Grand, venait d'envahir l'Italie, le soleil disparut soudain en plein jour et la nuit tomba. « Les troupeaux regagnèrent aussitôt les étables et les oiseaux s'enfoncèrent dans les bois. Les gens furent terrorisés. Les vaillants soldats furent pris d'une telle panique qu'ils s'enfouirent dans des urnes, des paniers et sous des rochers. »

En 988, se produisit à Orléans, un prodige « aussi mémorable que terrifiant ». Dans le monastère de Saint-Pierre-le-Puellier se trouvait une statue du Christ en croix. « Or, des yeux de cette effigie, pendant plusieurs jours sans discontinuer, de nombreux témoins purent voir jaillir un ruisseau de larmes ; ce spectacle effrayant provoqua naturellement un grand concours de peuple. Beaucoup cependant, à y regarder de près, y virent le présage envoyé par Dieu de quelque calamité prête à s'abattre sur la ville. Comme, en effet, on nous montre ce même Sauveur, instruit par sa prescience de l'imminente ruine de Jérusalem, pleurant sur cette ville, ainsi c'est certainement la menace pesant sur Orléans d'un désastre prochain qui lui arrachait les larmes versées par son image visible. Il se produisit peu de temps après dans la même ville un fait inouï qui, à ce que l'on croit, portait le même présage. Une nuit que les gardiens de la grande église, c'est-à-dire de la cathédrale, venaient comme de coutume de se lever et d'ouvrir les portes du saint lieu à ceux qui se rendaient à matines, soudain apparaît un loup qui entre dans l'église, saisit dans sa gueule la corde de la cloche, la secoue et se met à sonner. Ceux qui étaient là, saisis d'abord à ce spectacle d'une stupeur bien naturelle, finissent par pousser de grands cris et, sans arme sous la main, le mettant en fuite par ce moyen de fortune, ils le jettent hors de l'église. »

A la même époque, à Joigny, en Bourgogne, dans une maison appartenant à un noble et dans toute l'enceinte de la propriété, il plut pendant près de trois jours des pierres grosses et petites « si nombreuses qu'aujourd'hui encore les champs alentour se font aisément remarquer par les pierres qui y sont tombées. Mais cette grêle qui ne cessait ni jour ni nuit et n'épargnait nul endroit de la maison, ne blessait cependant personne et ne brisait pas le moindre vase. Beaucoup de gens retrouvèrent là les pierres qui marquaient les limites de leurs champs, que d'autres appellent bornes. On s'aperçut aussi que des pierres provenant de chemins, de maisons et de divers édifices proches ou lointains avaient été transportées en ce lieu. » C'étaient là évidemment des signes annonçant des désastres qui allaient frapper cette famille, les gens de la région et, pourquoi pas ? le reste de l'humanité.

Tous ces signes et bien d'autres encore achevaient d'affoler les populations. Les grands de la terre eux-mêmes ne se sentaient plus à l'abri. Les riches savaient qu'ils allaient bientôt disparaître et tous leurs biens avec eux. Ils étaient en train de vivre les derniers temps de l'Apocalypse. Jésus et les apôtres n'avaient pas menti, tout ce qu'ils avaient prédit allait se réaliser.

Ruée vers les églises

Les seigneurs, les gros bourgeois, tous les nantis se pressaient dans les églises avec le menu peuple. Pour acheter leur salut ils offraient tout ce qu'ils possédaient et qui ne leur servirait plus à rien. Les prêtres, les évêques les encourageaient. Aucune église n'a jamais refusé les dons de ses fidèles. On se bousculait aux guichets pour essayer de retenir sa place au paradis. On se dépouillait de son or, de ses bijoux, de ses vêtements chamarrés, on rêvait de se présenter au Jugement dernier dans la candide nudité du nouveau-né. « Laissez venir à moi les petits enfants... »

Les seigneurs affranchirent leurs serfs : tous les hommes étaient égaux et libres, et bons... si merveilleusement bons ! On en pleurait d'attendrissement, ce qui évitait de pleurer de frousse.

La trêve de Dieu

Les soldats, les brigands vinrent à leur tour faire leur mea-culpa. Ils se repentaient d'avoir tant tué, volé, violé, ils promettaient de ne plus recommencer. Ils ne se voyaient d'ailleurs plus d'ennemis puisque tous allaient disparaître avec eux-mêmes. Pourquoi perdre son temps à tuer ce qui est déjà condamné ? Avec un ensemble touchant, ils proposèrent d'arrêter tout de suite les hostilités... au moins quatre jours par semaine. Du mercredi soir au lundi matin désormais plus personne ne prendrait les armes. On se battrait encore un peu du lundi matin au mercredi soir, juste pour ne pas trop perdre la main et expédier quelques affaires pressantes. Le reste du temps, on obéirait au Christ, on aimerait son prochain, ce serait la grande fraternité humaine, la paix chrétienne, la trêve de Dieu.

Et l'on s'embrassait, et l'on s'entrebénissait... Et chacun, se sentant envahi par une vocation irrésistible, voulait se faire moine, pensant ainsi plus définitivement assurer son salut. Certains monastères dont les réserves de vivres n'auraient pas résisté à un afflux de nouveaux pensionnaires, durent se défendre farouchement contre les assauts des fidèles en crise mystique qui suppliaient qu'on les cloitrât.

Le roi de France, un saint ; le pape, un diable

Sans doute quelques-uns étaient-ils sincères. Si la crainte est le commencement de la sagesse, la peur intense est peut-être celui de la vertu. En tout cas l'exemple leur venait de haut. Le roi Robert le Pieux, que l'Eglise négligea de canoniser alors qu'il le méritait au moins autant que saint Louis, était le plus humble, le plus charitable, le plus pur serviteur de Dieu que l'on pût trouver dans son royaume.

Un seul trait illustrera son caractère. Il détestait le mensonge mais il connaissait la nature humaine. Pour que ceux qui venaient lui prêter serment n'eussent jamais à souffrir d'une quelconque damnation s'il leur arrivait de se parjurer, il avait fait faire une châsse spéciale en cristal, entourée d'or, mais dans laquelle ne se trouvait aucune relique. Les grands qui juraient sur cette châsse ignoraient qu'ils ne couraient aucun risque à faire un faux serment... mais le roi et Dieu le savaient.

A l'approche de l'an mille, tandis que le roi de France était un saint qui semblait avoir été mis là pour désarmer la colère divine, le pape, lui, était un diable. C'était du moins ce que ses cardinaux se chuchotaient entre eux.

Ce pape, Sylvestre II, le premier pape français, était le moine Gerbert, né à Aurillac ou dans les environs. Après avoir fait ses premières études au monastère de Saint-Jéraut, à Aurillac, il alla les continuer en Espagne, chez les Arabes, où il apprit la géométrie, la mécanique, l'astronomie, toutes les sciences de son temps. A la fois savant et habile mécanicien, Gerbert est considéré comme l'inventeur de l'horloge à balancier. Ce serait lui également qui aurait introduit en France les chiffres arabes.

Après avoir professé à Reims, il fut appelé en Allemagne par l'empereur Otton II qui lui confia l'éducation de son fils Otton III.

Un empereur de quinze ans, successeur de César et de Charlemagne

Un nommé Adson avait publié en 954 un *Petit Traité de l'Antéchrist* dans lequel il disait que la fin du monde ne surviendrait pas « avant que tous les royaumes du monde ne se soient séparés de l'empire romain auquel ils avaient été préalablement soumis ».

Otton III, faisant confiance à cette prédiction, avait décidé de reconstituer sous sa propre autorité à la fois l'empire de Charlemagne et l'empire romain, ce qui était le seul moyen d'écarter peut-être définitivement la menace de la fin du monde.

Héritier de la couronne d'Italie, il alla prendre possession de son royaume à l'âge de quinze ans, nomma son précepteur Gerbert évêque de Ravenne et fit d'abord élire pape, sous le nom de Grégoire V, un jeune prince allemand de vingt-trois ans, Bruno de Carinthie qui était son propre cousin. Quelques mois plus tard, le nouveau pape lui rendait la politesse et couronnait le jeune Otton empereur, comme Charlemagne l'avait été deux siècles plus tôt.

Sur ces entrefaites, Otton étant retourné à Magdebourg se faire applaudir par son peuple en compagnie du cousin pape, le patricien romain Crescentius profita de cette double absence pour faire déposer le jeune Grégoire V et élire à sa place l'évêque de Plaisance Jean, sous le nom de Jean XVI. Les deux hommes complotaient de replacer Rome sous la domination de l'empereur d'Orient. Otton revint rapidement en Italie, l'antipape fut capturé, on lui creva les yeux, on lui coupa le nez, la langue, les oreilles ; son complice fut décapité et Grégoire V récupéra sa tiare.

Il devait mourir subitement au début de 999. C'est alors que l'empereur Otton qui entrait dans sa dix-neuvième année fit nommer pape notre Gerbert qui prit le nom de Sylvestre II.

L'exhumation de Charles le Grand

En 999, on était au bord de l'abîme. Le monde tremblait, guettait le moment où il allait être précipité dans le néant. Ceux qui avaient tardé jusque-là couraient porter leur or aux églises, s'usaient les pieds ou les genoux de procession en procession, s'efforçaient de se conduire en petits saints pour mériter l'indulgence du Grand Juge.

Otton qui avait conjuré la malédiction de l'antipape dans lequel certains avaient voulu voir l'Antéchrist annoncé par l'Apocalypse, fortifiait sa position en allant à Aix-la-Chapelle faire exhumer le corps de Charlemagne et montrer qu'il était bien l'héritier du grand empereur. On avait oublié l'endroit exact où celui-ci reposait mais, écrit Raoul Glaber, « après un jeûne de trois jours, on découvrit le corps à l'endroit même où l'empereur (Otton) l'avait vu en songe, assis en une cathèdre d'or dans la crypte voûtée de la basilique Sainte-Marie, une couronne d'or et de pierreries sur la tête, tenant le sceptre et une épée d'or fin, et parfaitement conservé. On l'éleva et on l'exposa à la vue du peuple. Cependant un des chanoines du lieu, Adalbert, homme d'une taille colossale, prit la couronne de Charles et, comme pour la mesurer, en ceignit sa propre tête ; on vit alors que son crâne était plus étroit que celui de l'empereur : la couronne était si large qu'elle lui entourait toute la tête. Mesurant ensuite sa jambe à celle du souverain, il se trouva être plus petit que lui ; et tout aussitôt, par un effet de la puissance divine, il eut la jambe brisée. Il vécut encore onze ans et resta toujours infirme. Le corps de Charles fut déposé dans l'aile droite de la même basilique, derrière l'autel de Saint-Jean-Baptiste ; on construisit par-dessus une magnifique crypte dorée, et il se mit à s'illustrer par des signes et des miracles éclatants. »

Tout le monde s'attend à mourir... mais quand ?

Cependant les présages continuaient de se manifester. « Il apparut dans le mois de septembre, au début de la nuit, un effrayant météore qui brillait d'un éclat incroyable et disparut au chant du coq. »

On murmurait que le pape Sylvestre était un prince des magiciens. Il avait fabriqué une tête de cuivre qui répondait à toutes les questions et il possédait, disait-on, un livre qui lui permettait de commander à tous les démons. D'ailleurs si ce petit moine était aussi savant qu'on le prétendait, s'il avait réussi à apprendre tant de choses et à parvenir à la dignité suprême, il n'y avait pas de mystère : il avait dû passer un pacte avec le diable. Le pape Sylvestre, dernier successeur de saint Pierre, était bien un suppôt du démon, l'Antéchrist en personne. Les conditions de l'Apocalypse étaient plus que jamais réalisées.

« Toute activité cessa, un silence se fit dans l'Occident. chacun s'arrangea pour mourir. »

L'angoisse des « condamnés » était encore augmentée du fait que personne ne savait exactement *quand* l'exécution aurait lieu. Historiens et théologiens n'étaient pas d'accord sur la date de la naissance du Christ qui marquait le début de l'ère chrétienne. Pour les historiens, le Sauveur était né en l'an 747 ou 749 de Rome, mais au VIe siècle le moine Denys surnommé le Petit en raison de sa taille réduite (Dionysus Exiguus), avait placé sa naissance en 753. Cet « Exigu », abbé d'un monastère romain, écrivit plusieurs ouvrages proposant une nouvelle chronologie chrétienne partant de cette date. De son vivant, il ne fut pas pris au sérieux et c'est seulement un siècle plus tard que le célèbre moine anglo-saxon, Bède le Vénérable, mort en 735, utilisa cette chronologie dans son *Histoire Ecclésiastique*. En 800, Charlemagne qui venait de se faire couronner à Rome, imposa à son tour cette datation pour les actes publics établis dans l'Empire. A partir de ce moment, elle fut adoptée par la plupart des peuples chrétiens et définitivement conservée bien qu'on se fût très vite aperçu que le petit Denys s'était trompé dans ses calculs. Mais instaurer une nouvelle computation eût entraîné de telles complications que les autorités religieuses et civiles avaient préféré, pour la commodité générale, persévérer dans l'erreur. Conséquence directe : l'an mille évoluait, suivant les convictions de chacun, dans un espace de six ans.

D'autre part, l'année ne commençait pas partout au même moment. A Rome, ce fut longtemps le 1er mars ; depuis César, elle commençait au 1er janvier. Sous Charlemagne, le 1er mars avait été officiellement adopté mais tout le monde n'avait pas suivi. Selon la région, l'année commençait ou le 25 mars, jour de l'Annonciation, ou le 25 décembre, à Pâques, ou parfois encore le 1er janvier. Ainsi même si l'on était tombé d'accord sur une date « moyenne » de la naissance du Christ, l'an mille ne pouvait pas se manifester partout en même temps.

Il finit cependant par se lever, ce jour fatidique et, dit un témoin, « la millième année depuis l'enfantement de la Vierge sans péché étant arrivé, on vit briller sur le monde un matin radieux ».

On respira, on se rassura et puis on se dit que ce premier jour de la nouvelle année marquait seulement la fin de l'année 999... L'inquiétude revint. On attendit un an encore dans une angoisse qui allait croissant. Vers la fin de l'an 1000, le samedi soir avant Noël, apparut du côté de Soissons et dans plusieurs autres lieux, un dragon céleste qui se dirigeait vers le Midi en jetant des gerbes d'éclairs.

Puis ce fut le début de l'an 1001 et toujours rien. On respira encore mieux... Pourtant les calculateurs de catastrophes découvrirent qu'il y avait eu une erreur d'interprétation. Les mille ans devaient être comptés non à partir de la date de la naissance du Christ mais à partir de celle de sa mort, c'est-à-dire l'an 30 de notre ère. Donc la fin du monde était retardée à l'an 1030.

Le pape enlevé par le démon

On recommença à attendre mais avec plus de décontraction. La grande peur était passée, on n'y croyait plus tellement. Sans doute il y avait encore des pestes, des famines mais on commençait à s'y habituer, on se faisait une raison : c'est le lot de l'humanité, l'essentiel est de passer au travers...

On prétendait que, suivant son contrat avec le diable, le pape Sylvestre II ne mourrait que lorsqu'il aurait dit la messe à Jérusalem. Parmi cinquante autres idées géniales, notre Gerbert-Sylvestre avait eu celle de la première croisade et, dans une lettre retentissante, il avait encouragé les princes de la chrétienté à aller délivrer les Lieux Saints. Mais il n'avait aucunement l'intention de s'y rendre lui-même, il souhaitait continuer de vivre longtemps encore bien paisiblement dans son palais. Un jour cependant, en 1003, alors qu'il venait de dire une messe dans une petite chapelle de Rome, il apprit que cette petite chapelle était appelée Jérusalem. A ce moment le diable se présenta et notre pape lui rendit, à contrecœur, son âme.

On racontait cette histoire mais sans trop y croire. Sylvestre II avait été un pape efficace, un « connaissant », un habile politique, il était difficile de le prendre réellement pour l'Antéchrist.

La « blanche robe » de la chrétienté

C'est à partir de cette même année 1003 que, suivant l'expression de Glaber, la chrétienté commença à revêtir sa « blanche robe ».

« Comme approchait la troisième année qui suivit l'an mille, on vit dans presque toute la terre, mais surtout en Italie et en Gaule, rénover les basiliques des églises ; bien que la plupart, fort bien construites, n'en eussent nul besoin, une émulation poussait chaque communauté chrétienne à en avoir une plus somptueuse que celle des autres. C'était comme si le monde lui-même se fût secoué et, dépouillant sa vétusté, ait revêtu de toutes parts une blanche robe d'églises. Alors, presque toutes les églises des sièges épiscopaux, les sanctuaires monastiques dédiés aux divers saints, et même les petits oratoires des villages, furent reconstruits plus beaux par les fidèles. »

L'Eglisc pouvait entreprendre ces travaux : la « grande peur » en lui apportant des dons — des abandons ! —, des legs souvent considérables que les fidèles n'auraient sans doute pas faits en période de lucidité, lui avait permis de se constituer en quelques années un énorme trésor. L'Eglise clandestine des débuts était devenue l'Eglise officielle, universelle, l'Eglise triomphante, toute-puissante et elle allait montrer sa puissance de la façon la plus éclatante en couvrant le monde de monuments impérissables.

Il y avait bien encore par-ci par-là quelques « signes » mais on n'y faisait plus guère attention. En l'an 1010, un moine nommé Adhémar vit, vers minuit, dressé dans le ciel un gigantesque crucifix avec l'image du seigneur pleurant. Puis le ciel se referma.

Le vendredi saint, il y eut à Rome un tremblement de terre suivi d'un terrible cyclone. On décapita quelques juifs : les vents s'arrêtèrent et tout retomba dans le calme. En d'autres lieux, quand des manifestations insolites venaient troubler les populations, on brûlait quelques douzaines d'hérétiques et l'inquiétude se volatilisait.

Ainsi l'année 1030 passa et le monde était toujours là. Le souvenir de l'Apocalypse s'estompait. L'évangéliste avait rêvé et l'on n'était plus au temps des rêves fumeux. L'humanité était en train de se reconstruire dans la réalité solide des échafaudages, dans la vérité éclatante des cathédrales.

6.

Festival de fausses alertes

Il y eut cependant encore des alertes. L'Eglise, sous sa « blanche robe », n'était pas toujours blanche. Le savant moine puis abbé Pierre Damien, né à Ravenne vers 988, qui avait toujours vécu dans l'humilité et la plus rude austérité, avait dû, sous la menace des foudres papales, accepter d'être nommé cardinal-évêque d'Ostie. Témoin de l'indignité des ecclésiastiques de la cour de Rome, il entreprit une violente campagne contre leurs désordres et leurs vices. Il dénonça la simonie et les différentes « corruptions de la chair » habituelles au clergé de son temps. Dans un livre intitulé *Gomorrhoeus,* il laissait entendre, comme l'écrivit plus tard le cardinal historien Baronius, qu' « il n'était pas seulement besoin d'un déluge pour laver mais d'un feu du ciel pour foudroyer comme à Gomorrhe ».

Peu avant sa mort survenue en février 1072, Pierre Damien avait annoncé la proche venue de l'Antéchrist qui entraînerait la catastrophe finale. En 1106, saint Norbert annonçait la naissance imminente de cet Antéchrist. Au ve siècle, l'enchanteur Merlin avait déjà prédit que de grands et tragiques événements se produiraient vers l'an 1250 « après la chose qui naquit jadis à Jérusalem ».

Anges, Antéchrist et croisés

Au XIIe siècle, un ermite breton de la forêt de Brocéliande s'était baptisé « Eon » (émanation de Dieu) et, pour qu'il n'y eût pas d'équivoque sur son origine surnaturelle, il avait précisé « de Lestoile ». Il se considérait comme le Messie et, ayant rassemblé ses disciples en cohortes d'anges et d'archanges, il se rendit avec son armée divine dans les provinces environnantes. Anticipant un peu sur les prédictions de Merlin, cet Eon de Lestoile proclamait que la fin du monde était arrivée et organisait des séances du Tribunal du Jugement dernier. Il était le juge suprême, ordonnait les châtiments, percevait les amendes ; il en profita pour organiser le pillage systématique des contrées qu'il honorait de sa sainte présence. Il fallut l'excommunier pour pouvoir l'arrêter et le juger à son tour. On n'osa pas le brûler comme hérétique, on se contenta de l'emprisonner et, bien qu'émanation de Dieu, il ne parvint pas — ou il renonça — à s'échapper. Ses anges et archanges qui n'étaient pas de la même essence divine furent brûlés.

Pendant ce temps, à Rome, se déroulait un ballet de papes et d'antipapes, d'empereurs et d'anti-empereurs qui s'entr'excommuniaient, s'entre-détrônaient et s'entr'égorgeaient à plaisir au nom de Dieu et pour sa plus grande gloire. Pour tout chrétien de jugement sain, cela signifiait sans aucun doute possible que la fin du monde approchait à grands pas. Elle avait été retardée jusqu'en 1254 par le sursaut de foi des croisés qui, à sept reprises, avaient tout abandonné pour tenter de délivrer Jérusalem. La fin de la septième croisade, terminée par la défaite et la captivité de saint Louis, marquait le terme fixé par Merlin : « ... vers l'an 1250... »

Il ne se passa rien encore, sinon qu'après la huitième croisade, en 1270, saint Louis mourut et la fièvre des croisades mourut avec lui.

A la même époque, l'alchimiste Arnaud de Villeneuve, né vers 1240, faisait savoir à ses disciples que la fin du monde aurait lieu en 1326. Cet ardent chercheur de la pierre philosophale était en même temps un médecin réputé. Il avait enseigné à ce titre aux facultés de Barcelone et de Montpellier. Accusé d'hérésie, il s'était réfugié en Sicile auprès de Ferdinand d'Aragon. En 1313, ce prince l'envoya à Avignon soigner le pape Clément V qui, deux ans plus tôt, avait accordé à Philippe le Bel la condamnation des Templiers et dont la santé avait été ébranlée par ses excès luxurieux. Soigner et guérir le pape était un excellent moyen de rentrer en grâce auprès de l'Eglise. Arnaud de Villeneuve n'avait donc pas hésité à s'embarquer mais il n'avait pas prévu qu'il mourrait lui-même au cours de la traversée, avant d'avoir atteint les côtes de France. Dans ce cas pouvait-on accorder une grande valeur à sa prévision de la fin du monde ?

Le prophète Christophe Colomb

Aux XVe et XVIe siècles, les prédictions devaient se précipiter. La guerre entre Armagnacs et Bourguignons, en France, l'invasion anglaise, les révoltes, les guerres civiles puis religieuses dans toute l'Europe, le mélange explosif de la Renaissance et de la Réforme créaient ce climat propice qui fait « phosphorer » les esprits prophétiques.

Juvénal des Ursins et le Bourgeois de Paris notaient tous les deux sur leurs tablettes que tout indiquait l'approche de cette « fin de tout » dont Luther allait bientôt affirmer qu'elle était, si j'ose dire, en bonne voie. D'ailleurs les protestants, traités d'hérétiques par les papistes, leur rendaient la politesse et voyaient dans la succession des papes une sorte d'Antéchrist à répétition qui, s'il n'était pas détruit, devait inéluctablement entraîner le monde à sa perdition.

Christophe Colomb avait, nous disent ses contemporains, la plus haute idée de son importance. Il s'estimait désigné par Dieu pour accomplir de grandes choses, il se considérait comme l'héritier direct des prophètes bibliques. Certains de ses biographes prétendent que, s'il cherchait un moyen d'atteindre les Indes, c'était uniquement dans le but de recueillir de l'or et des trésors suffisants pour lui permettre de reconstruire le Temple de Jérusalem.

Il aurait prédit la fin du monde pour 1656. Peut-être était-ce seulement la fin du monde chrétien et la renaissance de l'Etat d'Israël ? Si c'était le fond de sa pensée lorsqu'il demandait à Leurs Majestés Catholiques de subventionner son expédition, il s'est bien gardé de l'exprimer ouvertement. D'autant plus que c'est en 1492, l'année même de son embarquement, que fut rendu l'arrêté royal expulsant les juifs d'Espagne.

L'arche du Toulousain Auriol

Un peu avant 1500, l'astronome allemand Jean Stoeffler de Tübingen publia des éphémérides calculées pour cinquante années et dans lesquelles il relevait, à la date du

20 février 1524, une conjonction d'astres qui rendait probable sinon certain le déclenchement d'un déluge universel.

Le plus curieux dans cette prédiction c'est qu'elle fut prise au sérieux, car les éphémérides de Stoeffler se prolongeant jusqu'en 1550, l'astronome lui-même apportait la preuve évidente que, si le déluge annoncé se produisait, il n'empêcherait pas le déroulement des événements prévus après le 20 février 1524. Ce déluge universel ne devait donc pas entraîner un anéantissement total.

Les éphémérides de Stoeffler eurent cependant assez de retentissement pour qu'un théologien de Toulouse, nommé Auriol, fît construire dans son jardin une nouvelle arche de Noé dans laquelle il commença à entasser des spécimens de tous les animaux disponibles dans les environs. Il s'y enferma avec quelques parents et amis à la veille du déluge et... rien ne se produisit. L'année 1524 ne semble pas avoir été, à Toulouse, à Tübingen ou ailleurs, plus pluvieuse qu'une autre.

Jean Stoeffler, au contraire d'Arnaud de Villeneuve, fut meilleur prophète pour sa propre personne. Son horoscope lui avait appris qu'il mourrait à une date déterminée du choc d'un corps lourd qui tomberait sur sa tête. Le jour dit, il resta soigneusement chez lui, se distrayant à bavarder avec des amis. Vers le soir, il voulut prendre un livre rangé sur une haute étagère, il reçut sur la tête l'étagère et tous les livres qu'elle supportait et il mourut des suites de ce choc.

Une horrible et épouvantable comète

La fin du monde qu'il avait annonçée faillit se produire avec un retard de quatre ans. En 1528, parut dans le ciel une comète qui a été ainsi décrite par Ambroise Paré :

« Elle était si horrible et si épouvantable qu'elle engendrait si grand terreur au vulgaire, qu'il en mourut aucuns de peur, les autres tombèrent malades. Elle apparaissait être de longueur excessive, et si estait de couleur de sang. A la sommité d'icelle, on voyait la figure d'un bras courbé tenant une grande espée en la main comme s'il eust voulu frapper. Au bout de la pointe, il y avait trois estoilles. Aux deux côtés des rayons de cette comète, il se voyait grand nombre de haches, cousteaux, espées colorées de sang, parmi lesquels il y avait grand nombre de faces humaines hideuses, avec les barbes et les cheveux hérissés. »

Cette description dans laquelle Paré, chirurgien de génie et auteur de la *Génération de l'homme, des monstres* a réuni quelques témoignages de gens qui prétendaient avoir observé la comète et qui y avaient « vu » tout ce que pouvait inventer leur imagination maladive, montre assez la terreur que provoquaient alors ces phénomènes célestes qui, en notre siècle blasé, n'étonnent plus personne. Pour beaucoup l'apparition d'une comète annonçait inévitablement la catastrophe finale.

La comète de 1528 passa tranquillement, sans causer le moindre mal à l'humanité, comme s'était évanouie celle qui s'était manifestée en 1456, au moment du siège de Belgrade attaquée par les Turcs de Mahomet II et victorieusement défendue par les Hongrois de Ladislas. L'apparition de l'astre voyageur avait provoqué un début de panique dans les deux camps et le pape Calixte III lui-même avait été vivement troublé par cette manifestation divine. C'est à cette occasion qu'il avait instauré dans toute la chrétienté la prière de l'Angélus de midi dont l'usage s'est maintenu depuis.

Un Antéchrist sous Henri IV

Vers 1600, le bruit courait à Paris que l'Antéchrist venait de naître dans un village des environs, qu'il avait été baptisé au sabbat et que sa mère, nommée Blanchefleur, l'avait conçu des œuvres de Satan. Une sorcière était la nourrice de cet aimable démon qui avait des griffes au lieu de pieds et qui, à l'âge de quelques mois, parlait déjà toutes les langues. Il était évident que dès qu'il aurait atteint sa maturité — et chez les enfants du diable, elle vient vite — cet Antéchrist au berceau déclencherait le cataclysme qui allait engloutir l'univers. Les gens commencèrent à tellement s'inquiéter qu'Henri IV dut rendre un édit interdisant formellement de faire la moindre allusion à la fin du monde.

En mai 1610, la rumeur avait pris une orientation nouvelle. On ne parlait plus du fils diabolique de Blanchefleur, l'Antéchrist c'était Henri IV en personne et l'envoyé du ciel qui devait en débarrasser le monde était déjà à Paris. On connaissait même son aspect : un grand homme aux poils roux, au regard fixe. On sait qu'au matin de sa mort, le 10 mai 1610, Henri IV avait d'abord hésité à sortir pour rendre visite à Sully, à l'Arsenal. Il était un peu ébranlé par les échos qu'on lui avait rapportés de ce qui se disait en ville et par les prières de la reine qui, la nuit précédente, l'avait vu en rêve aux prises avec son assassin. Finalement, il avait décidé de braver les présages...

Le mathématicien John Napier ou Neper, baron de Merchiston, l'inventeur des logarithmes, né près d'Edimbourg en 1550 et mort en 1617, avait calculé — on ne nous dit pas comment — que la fin du monde se produirait entre 1688 et 1700. Effectivement, en 1680, apparut une comète qui annonçait, pensait-on, de grandes calamités. Peut-être même allait-elle s'abattre directement sur la Terre. Une inquiétude mortelle étreignit les populations aussi bien dans les campagnes qu'à Paris et dans toutes les villes d'Europe. Que fit-on pour conjurer le désastre ? Aux Pays-Bas, on frappa une médaille portant d'un côté l'image de la comète, de l'autre l'inscription : « Cette étoile nous menace de grands malheurs, mais confiez-vous à Dieu, il dirigera bien toutes choses. »

Le conseil semble avoir été efficace. La comète, soit de son propre mouvement, soit obéissant à des injonctions supérieures, se dirigea convenablement, ne heurta pas la Terre et se perdit dans l'espace.

Les Chevaliers de l'Apocalypse

Le répit n'était que momentané. L'Antéchrist revenait à la surface. Un peu avant 1694 s'était fondée à Rome la compagnie des « Chevaliers de l'Apocalypse ». C'était une société mystique qui avait pour but de défendre l'Eglise catholique contre les assauts de cet Antéchrist qui allait se manifester de façon plus virulente que jamais.

Son chef était un illuminé, Augustin Gabrino, qui s'intitulait « Prince du nombre Septenaire et Monarque de la Sainte Trinité ». Il avait recruté près de quatre-vingts compagnons, la plupart modestes ouvriers, à qui il avait communiqué son illumination. Il les avait promus chevaliers de son ordre et, afin d'être prêts à intervenir dès la première offensive de l'Antéchrist, ils travaillaient à leurs fours ou à leurs établis en gardant toujours l'épée au côté. Le Prince-monarque, non content d'avoir institué cette milice sacrée permanente, commença à se prendre pour un apôtre. Il se mit à prêcher à ses fidèles des règles de conduite peu conformes à celles qu'enseigne l'Eglise dont il se prétendait le défenseur. Il préconisait entre autres le divorce et déclarait qu'il n'y a point de péché pour la femme à être adultère « à condition qu'elle ne refuse pas à son mari l'exercice de ses droits ».

Le jour des Rameaux de cette année 1694, le Prince-monarque Gabrino assistait à la messe dans une église de Rome quand il entendit chanter « qui est iste Rex Gloriae ? » Il s'élança vers l'autel criant qu'il était lui-même ce « roi de gloire ». Il fut aussitôt arrêté, ficelé et expédié dans une maison de fous où il mourut. Quelques Chevaliers de l'Apocalypse voulurent protester contre le « martyre » imposé à leur prince vénéré, ils furent jetés en prison et l'Ordre se dispersa.

Voltaire et la comète de 1773

Au milieu du XVIIIe siècle, des visionnaires prédirent de violents bouleversements qui allaient ébranler le monde. « La Terre coupable, dit le Père Calixte, sera purifiée par le fer et dévorera celui qui s'est assis dans l'iniquité ». Ce qui fut interprété — après coup — comme l'annonce de la Révolution.

On prétend aussi que, lorsque Louis XV prononça la phrase que lui attribuent tous les recueils de mots historiques : « Après moi le déluge », ce n'était pas la déclaration d'un homme blasé, indifférent à tout ce qui n'était pas la satisfaction immédiate de ses petits vices. C'était, au contraire, interprétation d'une vision exacte de l'avenir par un souverain éclairé qui était un des premiers initiés de son temps.

En 1773, nouvelle alerte à la comète. Le météore annoncé devait heurter notre planète et la « dissoudre », le 20 ou le 21 mai. Des dévots, vivement affectés par l'approche du Jugement dernier, demandèrent à l'archevêque de Paris d'ordonner des prières publiques de quarante heures. Voltaire se moqua d'eux dans sa fameuse lettre sur la prétendue comète, envoyée de Grenoble le 17 mai 1773 :

« Quelques Parisiens qui ne sont pas philosophes et qui, si on les en croit, n'auront pas le temps de le devenir, m'ont mandé que la fin du monde approchait et que ce serait définitivement pour le 20 du mois où nous sommes.

« Ils attendent ce jour-là une comète qui doit prendre notre petit globe à revers et le réduire en poudre impalpable, selon une certaine prédiction de l'Académie des Sciences qui n'a point été faite. Rien n'est plus probable que cet événement ; car Jacques Bernouilli, dans son *Traité de la Comète,* prédit expressément que la fameuse comète de 1680 reviendrait, avec un terrible fracas, le 17 mai 1719 : il nous assure qu'à la vérité, sa perruque ne signifierait rien de mauvais, mais que sa queue serait un signe infaillible de la colère du ciel. Si Jacques Bernouilli se trompe, ce n'est peut-être que de 54 ans et trois jours... »

Robespierre, le nouveau Messie

La Révolution qui entraîna l'anéantissement de tout un monde (celui de la « douceur de vivre », prétendait Talleyrand) et marqua le début d'une ère nouvelle, fut, pour ceux qui en pâtirent, une véritable Apocalypse, aux deux sens : révélation et catastrophe.

Robespierre, l'Incorruptible, initiateur et grand prêtre du culte de l'Etre Suprême, fut souvent accusé par ses ennemis de se prendre pour le Messie. Curieux Messie qui, pour imposer sa nouvelle religion, avait eu l'idée de faire reconnaître officiellement par un décret de la Convention « l'cxistence de l'Etre Suprême et de l'immortalité de l'âme », décret publié comme il se devait dans le *Bulletin des lois.*

A l'occasion de la Fête de l'Etre Suprême qui eut lieu le 8 juin 1794, jour de la Pentecôte, Robespierre se montra au Champ de Mars, baptisé Champ de la Réunion, en frac bleu, tenant à la main un bouquet de fleurs et d'épis, entouré de jeunes filles couronnées de roses, d'enfants ornés de violettes, de mères de famille et de vieillards drapés dans des voiles tricolores. Il semblait, rapportent les témoins, « comme en extase ». Il fallait, en effet, être dans un état extatique pour ne pas sourire aux paroles de l'hymne qu'il avait commandé pour la circonstance au poète Desorgues et au musicien Gaveaux :

« *Père de l'univers, suprême intelligence,*
Bienfaiteur ignoré des aveugles mortels,

Tu révélas ton être à la reconnaissance
Qui seule éleva tes autels (bis). »

Cette étonnante mascarade, ancêtre de tant de manifestations organisées si souvent depuis pour célébrer le culte de grands principes ou de personnalités les incarnant, parut aux catholiques l'apothéose de l'Antéchrist. Les folies de quelques visionnaires fanatiques, comme Catherine Théot, achevèrent de les convaincre.

Cette Catherine Théot, ancienne domestique du couvent des Miramiones, à Paris, une fois la soixantaine passée, s'était soudain sentie devenir la nouvelle Vierge, mère de Dieu. Elle avait déjà tenté, en 1779, de faire partager sa conviction à plusieurs curés de Paris qui, peu chrétiennement, l'avaient dénoncée à la police. La Mère de Dieu avait été enfermée pendant trois ans à la Bastille puis à la Salpêtrière et cet avant-goût du martyre ne l'avait pas calmée, au contraire. L'explosion révolutionnaire n'avait fait qu'intensifier l'ardeur mystique de cette respectable Vierge qui, en 1794, était entrée dans sa 89e année. Elle organisait chez une veuve de ses amies, rue de la Contrescarpe-Saint-Marcel, des cérémonies religieuses auxquelles elle présidait en compagnie d'un ex-chartreux, dom Gerle. Les fidèles de la Mère de Dieu attendaient la venue du Messie et furent bientôt persuadés que cet Homme-Dieu ne pouvait être que Robespierre. Ils l'invoquaient dans leurs prières, le célébraient dans des cantiques où il était appelé le Fils de l'Etre Suprême, le Rédempteur du genre humain.

Après la fête du « Champ de la Réunion », quelques membres du Comité de Sûreté Générale hostiles à Robespierre firent opérer une perquisition dans l'appartement-temple de la rue de la Contrescarpe. On arrêta la Mère, l'ex-chartreux et plusieurs « frères » et « sœurs » pour les déférer au tribunal révolutionnaire. L'Incorruptible, prévenu à temps, intervint auprès du Comité de Salut Public et fit ajourner le procès au cours duquel il aurait été ridiculisé.

Un mois plus tard, c'était le 9 Thermidor, la tête du Messie tombait. Trente-trois jours après, la Mère de Dieu s'éteignait à son tour mais beaucoup plus paisiblement, dans son cachot de la Petite Force. Ses « complices » devaient être bientôt jugés et acquittés : on n'avait plus besoin d'eux, l'Homme-Dieu de la Terreur était abattu.

La fin du monde, vaudeville parisien

Cependant, si la guillotine ne fonctionnait plus qu'au ralenti, les temps étaient encore troublés. La paix signée à Bâle, en 1795, avec la Prusse et l'Espagne, était incertaine. L'Europe restait braquée contre la France, l'économie vacillait, le Directoire ne dirigeait pas grand-chose. Les sorciers en chambre, les astrologues et autres magiciens qui, pendant la Terreur, avaient renoncé à prévoir même le lendemain, reprirent du poil du prophète. Il leur semblait évident qu'après la grande secousse qu'elle venait de subir, la France, donc l'Europe, donc l'humanité ne pouvaient que s'effondrer sans rémission. Les astrologues découvrirent que, le premier janvier 1800, une comète devait se rapprocher de la Terre. Ils affirmèrent qu'elle s'en rapprocherait tellement qu'elle la heurterait. Sous le choc, la Terre exploserait et se répandrait dans l'infini sous la forme d'une poussière de météorites.

Au lieu de se précipiter dans les églises comme à l'approche de l'an mille, les gens coururent chez les tireuses de cartes et diseuses de bonne aventure. Les madames Soleil de l'époque s'empressèrent de rassurer la clientèle (« la fin du monde ?... Oui, bien sûr... mais pour les autres ! »). Elles firent le plein.

Comme les Français ne peuvent jamais s'empêcher de plaisanter même dans les circonstances les plus tragiques, les vaudevillistes exploitèrent l'événement et écrivirent des comédies à couplets dans lesquelles ils imaginaient toutes les conséquences possibles de la fin du monde... pour ceux qui s'en tireraient sans mal.

Finalement, l'annonce de la catastrophe ultime captiva le public sans trop l'inquiéter et contribua à nourrir les charlatans, les comédiens et chanteurs. Elle fut dans l'ensemble plutôt bénéfique.

L'Antéchrist : Napoléon ou un « monstre russe » ?

Au début du XIXe siècle, Napoléon succéda à Robespierre en qualité d'Antéchrist. Cette fois encore, on attendit vainement le Messie qui allait exterminer définitivement les démons du mal et inaugurer pour l'humanité une ère de bonheur paisible. Louis XVIII ne semblait pas assez représentatif pour figurer l'Homme-Dieu, le Rédempteur annoncé par l'Apocalypse.

Lorsque l'ombre menaçante de l'empereur se fut évanouie à Sainte-Hélène, on se mit à chercher un autre Antéchrist. Se basant sur les prophéties d'Ezéchiel, un magistrat français épris d'ésotérisme, le président Agier, découvrit que l'Antéchrist devait être un empereur de Russie.

Ezéchiel parle en effet d'un prince de Ross, Mosch et Tobol qui, surgissant de Gog et Magog, allait réduire Jérusalem en cendres. Pour le président Agier, le symbole était transparent : Ross est le nom slave des Russes, Mosch signifie Moscou, Tobol n'est autre que Tobolsk, quant à Gog, c'était le nom que les Hébreux donnaient à la Scythie, ce pays barbare devenu la Russie.

Donc, un empereur de Russie était appelé, dans un avenir non précisé, à détruire la nouvelle Jérusalem, c'est-à-dire Rome, l'Europe et le nouveau monde. Lui et ses légions mettraient toute la terre à feu et à sang. Un Messie surviendrait alors, écraserait cette armée de monstres, précipiterait leur chef dans les enfers et établirait le « millénium », le règne des mille ans de félicité annoncés par les Ecritures.

A priori, l'hypothèse du « monstre russe » était tout à fait acceptable. La Russie venait de faire la preuve de sa puissance en contribuant largement à abattre Napoléon Ier. De là à supposer que ce grand peuple dont les tsars, depuis Ivan le Terrible jusqu'à Pierre le Grand, avaient laissé des souvenirs inquiétants, engendrerait un tsar plus féroce que les autres qui tenterait d'exterminer l'humanité, il n'y avait qu'un pas.

Mille ans de béatitude

Le millénium succédant à la guerre impitoyable que le Messie livrerait à cet Antéchrist serait une ère de béatitude spirituelle et de prospérité matérielle qui ferait de la Terre un nouveau paradis. Notre planète redeviendrait ce qu'elle était avant la chute de l'homme. Son axe serait redressé. (Par quel prodige ? Le président Agier ne juge pas nécessaire de l'expliquer.) Il n'y aurait plus alors, sur toute la surface du globe, qu'une seule saison : un printemps éternel. Il n'y aurait plus de nations, les hommes de toutes les races formeraient une seule et même famille. L'abondance et la joie régneraient partout, et la douceur aussi. Comme l'avait promis également Isaïe, sous des cieux nouveaux, sur une terre nouvelle, on verrait le loup et l'agneau paître ensemble, le lion et la gazelle fraterniser et la poule et le ver de terre s'aimer d'amour tendre. Enfin les humains jouiraient d'une longévité analogue à celle des patriarches bibliques : on vivrait 800, 900 ans et plus.

On pensa, en 1857, que les temps étaient proches. Les astrologues annonçaient le retour de la comète dite de Charles Quint, cette comète dont l'apparition, en 1555, avait décidé le « monarque universel » à abandonner son trône et à se retirer dans un couvent. Cette comète, précédant les hordes de l'Antéchrist, devait ravager le monde par le feu, le 13 juin 1857. Malgré les recommandations du clergé et de la police, un grand nombre de Parisiens quittèrent la capitale, la veille du 13 juin, pour ne pas être ensevelis sous un monceau de ruines. Ils se terrèrent dans les campagnes environnantes, principalement du côté de Saint-Denis qui n'était pas encore banlieue industrielle. Le 14 juin, rien n'ayant brûlé, ils rentrèrent tranquillement chez eux.

Où il est question de l'an 2000

En juin 1861, alerte du même genre. Là encore la catastrophe promise ne se produisit pas mais l'effet fut particulièrement impressionnant. La Terre passa dans la queue d'une comète et fut « plongée dans une volumineuse nébulosité et phosphorescence ou illumination de la voûte azurée ».

Une fois dissipées ces étranges clartés, chacun oublia sa peur, reprit ses petites occupations et il ne fut plus question de la fin du monde... au moins dans un temps rapproché.

Déjà vers 1750, le prélat irlandais anglican Robert Clayton, évêque de Clogher, avait rassuré ses fidèles en leur certifiant que le nouveau déluge, suivi de l'avènement du millénium, ne se produirait qu'en l'an 2000. Cette fin du monde entraînerait, affirmait l'excellent évêque, la chute définitive du papisme, l'extermination de tous les hérétiques aussi bien catholiques que protestants, et la conversion de tous les juifs à la seule vraie religion, celle de l'église anglicane.

Et nous arrivons ainsi aux prévisions de ce qui nous attend, nous qui ne sommes plus qu'à quelques années humaines de ce terme fatidique de l'an 2000.

7.

Les prophéties des derniers temps

> « *L'an mil neuf cens nonante neuf mois,*
> *Du ciel viendra le Grand Roy d'Effrayeur...* »

dit Nostradamus (Centurie X, quatrain 72), donnant une date plus précise à des prédictions déjà formulées dans la deuxième Centurie :

> « *Après grand trouble humain plus grand s'apprête ;*
> *Le grand Moteur les siècles renouvelle :*
> *Pluye, sang, laict, famine, feu et peste*
> *Au ciel veu feu courant, longue étincelle...* »

Deux cents ans avant la publication des prophéties de Nostradamus, vers 1360, sainte Brigitte de Suède annonçait, dans ses avertissements aux papes, aux rois et aux peuples : « Le monde touche à son dernier âge qui apparaît maintenant et s'étendra jusqu'au jour du Jugement. »

Césaire d'Arles, l'Aigle et la fin de Babylone

Une prophétie attribuée à Césaire, évêque d'Arles, qui mourut en 542, prévoit tous les événements de l'histoire de France depuis la peste qui sévit dans son diocèse, en 545, jusqu'à nos jours. Elle décrit l'avènement de Charlemagne, la croisade contre les Albigeois, l'assassinat d'Henri IV, l'envol victorieux « comme celui de l'aigle » d'un capitaine illustre sorti « du sein de la Méditerranée » et que finalement « la fortune contraire lie au milieu des eaux jusqu'à sa mort ».

Comme les prophéties de Daniel et de tant d'autres, celle de Césaire fut connue et publiée longtemps après la mort de son auteur supposé. Elle n'aurait été découverte dans les archives de l'archevêché d'Arles qu'en 1789, ce qui enlève beaucoup de valeur à la prédiction des événements antérieurs. Mais l'annonce de la carrière fulgurante de l'aigle Bonaparte n'en reste pas moins étonnante, même si elle est le fait d'un voyant arlésien de 1789, disciple de Nostradamus, qui pensait donner plus de poids à ses conjectures en les attribuant à un savant évêque mort depuis douze siècles. On peut, bien sûr, supposer que cet astrologue ou devin anonyme aurait pu rencontrer le jeune Bonaparte en 1786, alors qu'il était lieutenant en second au régiment d'artillerie de La Fère, à Valence, et pressentir le destin qui attendait ce petit Corse de 17 ans bûcheur et entêté. Cela ne retire rien à la justesse du pronostic.

Rejoignant d'autres prophéties, le pseudo-Césaire voit succéder au règne de l'aigle, un héritier des anciens rois de France puis un second aigle et des guerres mondiales qui marquent la fin des temps. « Le fer et le feu enserrant la Babylone de la Gaule qui tombe dans un grand incendie, noyée dans le sang. »

Lucifer déchaîné avant l'an 2000

Vers la même époque, la stigmatisée Anne-Catherine Emmerich, née en 1774, religieuse dans un couvent des Augustines, en Westphalie, stupéfiait son entourage par ses visions de la vie et de la passion de Jésus-Christ qu'elle décrivait comme si elle avait vécu en Palestine, dans l'intimité du Messie et de ses disciples. Elle ressentait elle-même les affres de la Passion et en portait les traces dans sa chair.

Cette petite Allemande voyait, semblait-il, l'avenir comme elle voyait le passé et s'intéressait spécialement à Paris. Etait-ce par une touchante attention ou parce qu'on l'avait persuadée que cette ville était le symbole de toutes les hontes et dépravations ? « Je me suis souvent laissée aller à penser, disait-elle, que Paris était menacé d'une ruine inévitable. » Après le récit d'une de ses visions où la cité « particulièrement adonnée aux vices » était engloutie dans un abîme sans fond, elle concluait : « J'appris que Lucifer devait être déchaîné pour un temps avant l'an 2000. »

L'époque révolutionnaire a vu fleurir une foule de prophéties de tout genre. Déjà, avant 1789, l'agitation des esprits, les menées des philosophes contre le despotisme de l'Eglise, avaient fait sortir de leurs gonds les défenseurs de la religion qui embouchaient les trompettes des prophètes pour annoncer le châtiment des impies. En 1772, le Père Nectou, cité par Georges Barbarin, proclamait : « Durant ce bouleversement épouvantable qui, paraît-il, sera général et non pour la France seulement, Paris sera entièrement détruit. »

La prophétie d'Orval

Au cours de l'été 1793, fut révélée une des plus célèbres prophéties de ces temps troublés, découverte au couvent d'Orval dans le duché de Luxembourg. Cette prophétie qui remontait à plusieurs siècles annonçait, bien entendu, une foule d'événements appartenant déjà au passé — ainsi la mort récente de Louis XVI. Elle annonçait également la prochaine arrivée d'un « jeune homme venu d'outre-mer » qui prendrait le nom d'empereur, puis la chute de l'empire, le retour de trois princes qui « mettront bas le manteau de l'erreur »... Bref Napoléon, Louis XVIII, Charles X, Louis-Philippe, tout y était.

Ce qui nous empêche d'admirer aussi complètement qu'elle le mériterait cette prophétie d'Orval, c'est qu'elle ne fut connue que par ouï-dire jusqu'en 1852. Un ancien abbé du monastère d'Orval l'avait communiquée, en 1793, aux invités — en partie Français émigrés — d'une réception donnée dans un château du Luxembourg. Certains en avaient pris copie, en avaient fait part à leurs parents et amis, mais ce n'est qu'en 1852 qu'elle fut publiée. De là à supposer qu'elle avait été légèrement arrangée pour être plus conforme à la réalité...

A partir de 1852, cette prophétie d'essence royaliste prévoyait également l'approche de la fin des temps : « L'homme du mal arrivé de deux rangs prend croissance. » Cela désigne assez nettement le deuxième Napoléon et le coup d'Etat qui se produira le 2 décembre de cette même année 1852.

Puis les événements se précipitent. Voici la fin de la prophétie telle qu'elle fut alors publiée :

« La fleur blanche s'obscurcit pendant dix fois six lunes et six fois vingt lunes et disparaît pour ne plus paraître. Beaucoup de mal, guère de bien, en ce temps-là ; beaucoup de villes périront par le feu. Alors enfin Israël viendra au Christ-Dieu tout de bon. Les sectes maudites et le peuple fidèle seront en deux parts bien marquées. Mais c'est fait ; alors Dieu sera cru et la tierce part de la Gaule et encore la tierce part et demie n'aura plus de croyance, comme aussi les autres gens. Et voilà déjà six fois trois lunes et quatre fois cinq lunes que tout se sépare, et le siècle de fin a commencé. Après un nombre plein de lunes, Dieu combat par ces deux justes et l'homme de mal a le dessus. Mais c'est fait. Le Dieu très haut met un mur de feu qui obscurcit mon entendement et je n'y vois plus. Qu'il soit béni à jamais ! Amen ! »

En somme la prophétie annonce « beaucoup de mal, guère de bien », la fin de la dynastie capétienne, des destructions par le feu, la conversion du peuple juif — qui est le dada de beaucoup de mystiques catholiques — enfin la lutte entre les justes et l'arrivée de l'Antéchrist qui semble avoir le dessus... Tout ceci au bout d'un certain nombre de « lunes » dont on ne sait trop à quoi elles correspondent.

Paris-Sodome sera détruit

Entre-temps, en 1817, l'abbé Souffrand, curé breton, avait annoncé : « Paris sera détruit, tellement détruit que la charrue y passera. » Et, en 1828, Marie Galtier, bergère de Saint-Affrique (Aveyron) : « Quand vous verrez la guerre entre la France et l'Allemagne, vous pourrez dire que c'est le commencement de la troisième et dernière plaie... L'Ange ne mettra le glaive au fourreau qu'après avoir châtié toutes les nations... La grande prostituée sera détruite par le feu. L'Ange du Seigneur avertira les justes de Paris. »

Pour terminer cette énumération de promesses rassurantes, citons encore la Marie-Julie, la stigmatisée de Blain, en Loire-Inférieure — devenue Maritime — qui, en 1850, déclarait : « Le feu du ciel tombera sur Sodome et principalement sur cette salle de l'enfer où se fabriquent les mauvaises lois. Elle sera engloutie et à sa place sera une immense carrière de laquelle, jusqu'à la fin du monde, on ne pourra s'approcher sans un frémissement d'horreur. Dans cette Sodome, il y aura des endroits tellement bouleversés qu'il n'y restera pas un seul pavé en place ; le feu du ciel se mêlera au feu de la Terre. »

La stigmatisée de Blain ne semblait pas particulièrement apprécier l'Assemblée Législative qui avait succédé à la Constituante de 1848.

Les 111 papes de Malachie

Une prophétie à laquelle se réfèrent la plupart des pronostiqueurs de la fin du monde est celle attribuée à Malachie, évêque irlandais, mort en 1148, et qui fut publiée en 1595. Elle donne une liste des 111 papes qui devront se succéder sur le trône de Saint-Pierre à partir de 1144 et dont le dernier marquera la fin de l'ère chrétienne, c'est-à-dire, dans la pensée de Malachie, la fin du monde.

Chacun de ces papes est désigné par une phrase latine allégorique qui le caractérise ou qui caractérise son époque.

Ainsi le *Pèlerin Apostolique* (Peregrinus Apostolicus) correspond à Pie VI qui, à la suite de l'assassinat du général Duphot, tué le 28 décembre 1797 par les troupes papales, à l'ambassade de France à Rome, fut arrêté sur l'ordre du Directoire, conduit tout à tour à Sienne, à Florence, Bologne et Parme pour être finalement interné dans la citadelle de Valence (Drôme) où il mourut en août 1799.

L'*Aigle Rapace* (Aquila Rapax) désigne évidemment Pie VII qui, après avoir accepté de sacrer Napoléon empereur et de signer le concordat, essaya de défendre les prérogatives de l'Eglise contre les empiétements du gouvernement français, alla même jusqu'à excommunier l'« Aigle Rapace » qui riposta en le retenant prisonnier à Fontainebleau en 1812.

Le 107ᵉ pape de la liste était qualifié « pasteur et nautonnier » ; or Jean XXIII, le bon pasteur, l'auteur de l'encyclique *Pacem in Terris,* avant de porter la tiare avait été patriarche de Venise, patrie des nautonniers.

Pour le 108ᵉ qui correspond au pape actuel, Paul VI élu en 1963, Malachie indiquait comme devise « *la Fleur des Fleurs* » (Flos florum). On a dit, pour justifier cette devise, que Mgr Montini, futur Paul VI, était né à Florence, ville-fleur, alors qu'il est né en réalité à Concesio dans la province de Brescia. Mais la devise « Fleur des Fleurs » peut s'appliquer à ce pape voyageur qui, depuis le début de son pontificat, s'est efforcé de faire refleurir le catholicisme à travers le monde jusqu'en Asie et en Océanie.

Devises de la fin

Malachie accorde à la chrétienté encore trois papes : le 109e « De la moitié de la Lune », le 110e « Du travail du Soleil » et le 111e « De la gloire de l'olive ».

On discute sur le sens de ces trois devises. Dans la première, la lune pourrait représenter le croissant, symbole du monde musulman. Cela présagerait alors, sous le prochain pape, soit une augmentation de ce croissant qui deviendrait une demi-lune, donc intensification de l'action des peuples musulmans au Proche-Orient, ou inversement la réduction de ce croissant qui diminuerait de moitié, ce qui signifierait une limitation de l'influence arabe ou un apaisement dans ces régions actuellement si agitées.

« Du travail du Soleil » pourrait annoncer ou bien une période de développement des « lumières » chez les hommes qui, comprenant les dangers du progrès, commenceraient à devenir plus raisonnables, ou bien des cataclysmes provoqués sur notre planète par des perturbations du rayonnement solaire.

« De la gloire de l'olive » marquerait soit un moment de répit (l'olivier symbole de paix) avant la catastrophe finale, soit un triomphe d'Israël (l'olive, symbole du peuple juif) entraînant une conflagration universelle. Mais pour l'une ou l'autre de ces devises, il peut y avoir d'autres explications.

Des rêveurs inspirés estiment que cette gloire venue de l'« olive » devrait être celle de l'église catholique qui obtiendrait des juifs la reconnaissance du Christ, ce qui, après la réduction à néant de la « lune » musulmane, aboutirait à l'établissement d'un christianisme universel. Pensée généreuse, attendrissante ! Mais si nous imaginons — nous basant sur les statistiques actuelles — que se trouvent réunis dans une même communauté de sœurs et de frères en Christ 600 millions de catholiques, 145 millions d'orthodoxes, 230 millions de protestants qui auraient réussi, après deux mille ans d'efforts, à rallier 14 millions de juifs, à démahométiser 500 millions de musulmans... les prophètes ne nous parlent pas de l'avenir des bouddhistes, confucianistes, hindouistes, shintoïstes, taoïstes, etc. qui forment une masse adverse de plus d'un milliard d'adeptes. Se figure-t-on par exemple les 750 millions de Chinois de Mao chantant à la façon des hippies enfants de chœur : « Vive Jésus ! Vive Jésus ! »

De toute façon, après les trois papes ainsi désignés, il n'y a plus rien, l'histoire de notre monde se termine avec le dernier. Seule, la prophétie dite du « moine de Padoue », publiée un siècle après celle de Malachie et qui donne elle aussi une liste des papes avec leurs noms d'intronisation, en prévoit un supplémentaire qui se nommerait Pierre II. Le moine de Padoue l'annonce ainsi : « Dans la dernière persécution de la sainte Eglise romaine, siégera Pierre Romain qui paîtra ses brebis au milieu de nombreuses tribulations. Ces tribulations passées, la ville aux sept collines sera détruite et le Juge Terrible jugera son peuple. Dans cette désolation suprême du monde siégera Pierre Romain, dernier pontife du vrai Dieu. Rome criminelle sera détruite et le redoutable Juge triomphant jugera tous les peuples. »

Si l'on tient compte de la durée moyenne des pontificats qui est de l'ordre de huit à neuf ans pour les derniers papes avant Paul VI, on arrive avec Malachie à une fin du monde qui se situe aux environs des années 2002-

2005 et aux environs des années 2010-2014 avec le moine de Padoue.

Retour aux « temps » de Daniel

A côté de ces prédictions soit de visionnaires inspirés, soit d'astrologues ou de devins qui prétendent détenir la science de l'avenir, n'oublions pas la troupe imposante des exégètes, décrypteurs et calculateurs interprètes qui, chaque jour, découvrent dans les prophéties les plus anciennes des données nouvelles s'appliquant à nos tristes lendemains — généralement sans lendemain.

Ce sont surtout les prophéties de l'Ancien et du Nouveau Testament qui sont ainsi passées au crible puis manipulées par les mathématiciens de l'ésotérisme.

Les prophéties de Daniel sont, nous l'avons dit [1], une des sources vives où ces chercheurs ont puisé leur inspiration. Rappelons que l'échéance fixée à Daniel, au cours d'une de ses visions, pour la fin du monde est *un temps, des temps et la moitié d'un temps.* Cette indication figure également dans l'Apocalypse sous la forme *un instant, des instants et moitié d'un instant.* On lui donne généralement la valeur de 1 + 2 + 1/2, soit trois ans et demi, ce qui correspond aux 42 mois ou 1 260 jours de la durée du monde dont parle l'Apocalypse (XI, 3 et XII, 6). Cela peut se rapprocher également des 1 290 jours dont il est question dans le Livre de Daniel (XII, 11).

Ces trois ans et demi sont des « années d'années » qui valent chacune 360 ans. Il est facile de vérifier : trois fois

1. Voir page 91, *Les « temps » de Daniel.*

et demie 360 font 1 260, autrement dit 1 260 ans qui correspondent en effet aux 42 mois ou 1 260 jours d'année.

Mais les précisions que fournissent les prophètes, surtout quand il s'agit d'un événement aussi important que la fin du monde, ne doivent être comprises que par les initiés. Les calculs basés sur 1 260 ou 1 290 ans avaient été interprétés, nous l'avons vu, comme annonçant cette fin des temps pour l'An Mille et c'était évidemment une erreur... sinon encouragée du moins acceptée par l'Eglise, grande bénéficiaire de la salutaire terreur qui s'empara de la chrétienté.

Comment trouver le « code » ?

Certains de nos astucieux décrypteurs ont pensé que Daniel avait donné au moins une des clés de sa chronologie en parlant (VIII, 14) de « 2 300 soirs et matins ». Ces 1 150 « jours » ne correspondent à rien dans le reste du livre de Daniel, ils semblent donc avoir été mis là comme un simple signe destiné à attirer l'attention du lecteur initié sur les « soirs et matins » qui suivent et qui indiquent que tout ce qui concerne les jours, autrement dit la chronologie du futur (les « matins », les lendemains, étant placés intentionnellement après les « soirs ») doit être doublé. Les trois ans et demi deviennent alors *sept* et les 1 260 ans deviennent 2 520 ans : ils représentent les sept Temps des Gentils annoncés par l'Apocalypse.

Une autre clef que nous donne Daniel est la première phrase du chapitre II : « Dans la deuxième année du règne de Nabuchodonosor, Nabuchodonosor eut des songes », ce qui est en contradiction avec le chapitre I où il est dit que les enfants d'Israël de familles nobles capturés à Jérusalem et parmi lesquels se trouvait Daniel, furent « élevés pendant trois ans » avant d'être admis auprès de Nabuchodonosor. Or, celui-ci régnait déjà depuis au moins quatre ans quand il s'empara de Jérusalem. Daniel n'aurait donc pas pu lui expliquer, dans la deuxième année de son règne, le fameux songe de la statue à la tête d'or, aux jambes et aux pieds en partie d'argile. Par cette erreur flagrante il a donc voulu signifier que sa chronologie partait de la deuxième année du règne de Nabuchodonosor qui monta sur le trône en 604 ou en juin 605 av. J.-C. (si les dates étaient imprécises aux environs de l'an 1000, on imagine ce qu'elles pouvaient être 16 siècles plus tôt).

Adoptons 605, date le plus souvent donnée, la deuxième année du règne est 603 av. J.-C. et, au bout de « trois ans et demi », soit 2 520 ans, nous nous trouvons en 1917, année cruciale à la fois pour le monde (entrée des Etats-Unis dans la Guerre Mondiale, Révolution russe) et pour Israël : c'est le 2 novembre 1917 que lord Balfour, ministre des Affaires étrangères du gouvernement Lloyd George, publie une déclaration promettant l'établissement en Palestine d'un foyer national juif et, le 11 décembre 1917, le général Allendy, vainqueur des Turcs, entre solennellement à Jérusalem à la tête de ses troupes.

1917 ou 1933 : fin des temps des Gentils

Cette année 1917 est l'année du grand tournant marqué par l'extension de la Grande Guerre, par la fin de l'occupation de Jérusalem par les étrangers (fin des Temps des Gentils), par l'annonce de la renaissance d'Israël et le commencement de la décadence de la deuxième Rome (Babylone), la Rome chrétienne, avec la prise de pouvoir du communisme triomphant qui va bientôt étendre son influence à travers le monde. Elle peut être considérée comme le point de départ du bouleversement final de l'Apocalypse, après l'ouverture des sept sceaux qui devaient déclencher sur le monde l'ensemble des fléaux destinés à l'exterminer ; donc 1917 serait l'année fatidique du « commencement de la fin ».

Si l'on fait partir les sept Temps à la prise de Jérusalem par Nabuchodonosor, en 587 avant J.-C., on obtient (2520 — 587) 1933, l'année où Hitler, « le dragon, l'antique serpent qui est le diable et le Satan » prend le pouvoir et où commence à se préparer « l'abomination de la désolation » : le massacre de six millions de juifs, la seconde guerre mondiale, l'apparition de la bombe atomique, l'accélération de la science et de la technique qui va peut-être aboutir à l'autodestruction de l'humanité.

Revenons à 1917, première fin des Temps des Gentils : si on y ajoute la différence entre les 1 260 jours d'année de l'Apocalypse et les 1 290 jours de Daniel, soit 30 ans, on arrive à 1947 qui est, à quelques mois près, la création de l'Etat d'Israël (mai 1948). Ajoutons-y la différence entre les 1 290 jours et 1 335 jours des versets 11 et 12 du dernier chapitre du Livre de Daniel, soit 45 jours, on obtient 1962 : la tension entre Israël et le monde arabe ne cesse d'augmenter, tensions dans le reste du « monde des Gentils » qui continue de s'affaiblir et d'être secoué de convulsions (proclamation de l'indépendance de l'Algérie, la France cède à Evian devant le G.P.R.A., attentat au Petit-Clamart contre De Gaulle, l'année suivante Kennedy,

Diem et Nhu seront assassinés ; grèves, coups d'Etat, malaise général).

En doublant les 30 et 45 jours, la même opération donnerait respectivement 1977 et 2007, deux dates peut-être marquantes des « événements de la fin ».

Si l'on place la fin des sept Temps en 1933 (la chronologie partant de la prise de Jérusalem), les deux dates intermédiaires deviennent 1963 (tensions accentuées, attentats aux Etats-Unis, au Vietnam, début de l'affaire du Laos, etc.) et 1978, les dates extrêmes 1993 et 2023. Pour ces trois dernières dates l'avenir nous dira — ou dira à ceux qui seront là pour le voir — quelles catastrophes définitives elles nous réservent.

Ce ne sont que quelques exemples des calculs prévisionnels que permettent diverses interprétations des Ecritures. Il y en a bien d'autres.

Quelle valeur, quel crédit pouvons-nous leur accorder ?

Est-il possible de prévoir l'avenir ?

Tout d'abord est-il possible de prévoir l'avenir ?

Si, sans s'aventurer dans les méandres philosophiques des finalités naturelles ou intentionnelles, des causalités aveugles ou réfléchies, on admet que tout dans notre univers a un début et une fin, qu'un animal ou une plante naît, croît et meurt, ceci dans un temps à peu près déterminé, il est logique d'admettre que l'avenir de chaque plante, de chaque animal est en quelque sorte inscrit dans son organisation biologique. On peut prévoir ce qu'il adviendra d'un grain de blé, d'un arbre, d'un champ d'avoine, à condition que certains phénomènes extérieurs ne viennent pas contrarier leur évolution. De même on peut prévoir qu'un chien, un cheval, un éléphant vivront respectivement tant d'années, sauf maladies ou accidents qui ne feront que hâter une fin inéluctable.

Puisque chaque partie du monde vivant a ainsi son avenir inscrit dans sa propre organisation, pourquoi n'en serait-il pas de même pour l'ensemble ? Et pourquoi la race humaine, race animale parmi les autres, intimement liée à la nature qui l'entoure, échapperait-elle à la loi générale ?

Dans la nature soumise au rythme des saisons, à l'évolution de conditions météorologiques qu'il est possible de détecter à l'avance, la prévision peut s'effectuer de façon assez précise. Dans le domaine de l'homme, des groupements humains soumis aux fluctuations de l'intelligence — et l'on sait comme elles sont incertaines et souvent dangereuses — la prévision repose en partie sur des éléments subjectifs difficilement appréciables.

Les critères des prophètes

Sur quoi les prophètes hébreux, ces grands connaissants, se basaient-ils pour établir leurs prédictions auxquelles certains de nos contemporains continuent de croire dur comme fer ? Sur un examen lucide de la situation sociale, morale et économique de leur peuple et des peuples voisins, et sur l'évolution possible de cette situation.

Comment auraient-ils pu imaginer ce que cette situation serait devenue 25 siècles plus tard, de quelle façon elle aurait évolué entre-temps, à quel degré de connaissance et de technique les peuples seraient alors parvenus ?

Avaient-ils même, ces guides d'un peuple vivant dans le désert, la notion de ce que représenterait ce mot encore inconnu : la technique ? Etaient-ils capables de pressentir ce que les hommes du futur allaient découvrir, inventer, et à quelle époque ? Et d'entrevoir les conséquences de ces découvertes, de ces inventions, conséquences souvent insoupçonnées de leurs auteurs eux-mêmes ?

S'ils lisaient en réalité le passé dans l'avenir ?

Les inconditionnels éluderont l'objection en disant qu'il s'agit de visions surnaturelles, de sortes de projections de la pensée du prophète dans l'avenir.

Mais comment un Daniel, un Ezéchiel, un Isaïe aurait-il pu interpréter les images d'un monde qui ne correspondait en rien à celui qui l'entourait ? Comment aurait-il pu comprendre, analyser le comportement d'hommes dont il ignorait la langue, les pensées et l'organisation sociale, le genre de vie ? A moins, et ce serait la seule explication valable, qu'on se trouve en présence d'une sorte de projection dans le futur de souvenirs du passé, d'images d'un monde disparu, d'un monde d'avant le Déluge, images inscrites dans les chromosomes-mémoire de ces grands « voyants » qu'étaient les prophètes. La connaissance des cycles de l'histoire sans cesse recommencée leur aurait alors permis de lire un avenir qui n'était en réalité qu'une réédition du passé.

Dans ce cas, le processus de la prédiction serait le même chez les prophètes de la Bible et les spécialistes laïques de l'art de la divination. Mais si les cycles de l'histoire — auxquels nous consacrerons un prochain chapitre — commandent, dans une certaine mesure, l'orientation générale des événements, ils laissent libre cours à l'« anecdote ». Ce ne sont pas les mêmes hommes qui réapparaissent au bout de quelques siècles ou de quelques millénaires et ils ne font pas toujours les mêmes choses de la même façon.

On se trompe peu à annoncer le malheur

Les prophètes de la Bible étaient plus rigoureux, plus absolus dans leurs prédictions parce que celles-ci faisaient partie de leur arsenal religieux. C'étaient des promesses ou des menaces qu'ils agitaient pour rassurer ou effrayer leur peuple, lui faire espérer des jours meilleurs lorsqu'il était dans le malheur, ou lui faire craindre le châtiment divin lorsqu'aux époques de prospérité il s'abandonnait à ses mauvais penchants. L'alternance est régulière : Dieu punit le monde pour ensuite le sauver et il le re-punit pour le re-sauver.

Ces prédicateurs jouant aux devins — ou peut-être réellement devins — avaient besoin d'être précis pour convaincre. Plus une fable est riche en descriptions exactes, en détails pris dans la réalité, plus elle apparaît comme vraie. A plus forte raison, une vérité, pour être acceptée comme telle, doit abonder en précisions qui la rendent vraisemblable. Notons que les prophéties de catastrophes ont toujours été, et sont toujours, celles auxquelles les hommes ont cru et croient le plus volontiers.

« Les prophètes, écrit Guy Tarade [1], se trompent rare-

1. *Les Archives du Savoir Perdu,* Robert Laffont.

ment lorsqu'ils annoncent des malheurs. C'est, en effet, une des grandes vérités des prédictions et ceci s'explique par le fait que les malheurs sont les conséquences logiques des erreurs qui ont été commises. Dès qu'on a vu les erreurs, il est aisé de prophétiser la catastrophe. »

Et pourtant, souvent les malheurs annoncés pour les siècles passés ne se sont pas produits, ce qui nous fait dire aujourd'hui que les prophéties étaient fausses.

L'incorrigible aveuglement des hommes

En réalité, les prophètes ont lu ce qui arriverait si les hommes ne faisaient rien pour modifier le cours des événements et il semble que, dans certains cas, les hommes ainsi alertés aient pu agir pour éviter les catastrophes promises. C'est une explication ingénieuse et très judicieuse du phénomène prophétique donnée par Pierre Lance dans une étude de la revue *L'Hespéride* que cite également Guy Tarade :

« Si nous écoutions les Cassandres, si nous tenions compte de leurs avertissements, rien ne se produirait de ce qu'elles annoncent, mais c'est justement alors qu'elles seraient utiles. Elles nous apprendraient à utiliser notre liberté pour changer le cours du destin. Et je me demande si l'incrédulité moderne ne vient pas tout simplement de ce que les Anciens, qui écoutaient leurs prophètes, ont tant de fois conjuré le sort que l'on a fini par ne plus croire aux prophètes qui, parbleu ! finissaient par se tromper toujours. (Et n'oublions pas qu'une des grandes difficultés de l'existence vient de ce que l'on ne sait jamais ce qui se serait effectivement passé si l'on avait agi autrement).

« Tout le problème de la prémonition repose donc sur

une tragique erreur d'interprétation : on prend pour l'annonce d'une fatalité ce qui est, en réalité, l'annonce d'une éventualité, d'une possibilité conjurable. »

En effet, la succession des guerres, révolutions, destructions, massacres et génocides en tout genre qui forment la trame de l'histoire de l'humanité depuis l'origine des temps, nous montre qu'il n'y a de *fatalité* pour l'homme que dans sa propre vanité, dans son incompréhension souvent voulue qui aboutit à l'intolérance, dans son incapacité à jouer de son libre arbitre pour diriger sa destinée, faire un choix raisonnable et s'y maintenir. L'homme est un aveugle incorrigible qui refuse de se laisser guider par ceux qui voient.

L'homme moderne, façonné, insensibilisé par l'esprit scientifique, détourné des anciennes superstitions par son admiration pour les miracles réels du progrès, refuse de croire aux prophètes, symboles d'un monde périmé. Or, « croire », qu'est-ce que c'est ? Ce n'est pas avoir la foi bébête du charbonnier, c'est admettre consciemment ce que des gens bien intentionnés vous disent, c'est ne pas opposer a priori des convictions immuables, égoïstes, à des idées souvent généreuses venues de l'extérieur. Croire est, avant tout, un acte de bonne volonté, d'ouverture. La compréhension mutuelle est souvent plus salutaire que tout l'appareil de la religion. Ou peut-être, en fin de compte, la religion ne devrait-elle être que l'école du bon sens.

L'Eglise et les « sorciers »

Il est, bien entendu, nécessaire, il faut insister là-dessus, que la même ouverture, la même compréhension se manifeste chez le prophète et chez celui auquel il s'adresse.

Je me méfie des visionnaires, des mystiques emportés par le fanatisme religieux et dont les visions ne sont souvent, en fait, que des transpositions hallucinatoires de prêches mal digérés de curés de village.

N'oublions pas que les devins, astrologues et oracles qui ont joué un rôle si considérable dans la vie de tous les peuples de l'antiquité, ont été férocement pourchassés pendant des siècles par les soldats de la « paisible » Eglise chrétienne. Les descendants des martyrs qui, aux premiers temps du christianisme, ont souffert d'être crucifiés, brûlés vifs ou déchirés par les bêtes fauves pour que s'établisse dans le monde la religion de la charité et de la fraternité, se sont empressés de torturer à leur tour, au nom de cette bienfaisante religion, tous ceux qui prétendaient employer hors de l'Eglise les dons divinatoires que le clergé reconnaissait aux prophètes de la Bible et à leurs successeurs sanctifiés. Tout voyant ou devin non enrégimenté dans la cohorte des mystiques officiellement admis par les autorités ecclésiastiques était déclaré sorcier et voué au bûcher. Ces sorciers ou sorcières auraient peut-être été, en d'autres temps, les prêtres vénérés de cultes dits païens.

Doit-on donc considérer ces « chasses aux sorcières » qui ont ensanglanté tout le Moyen Age comme les manifestations d'un fanatisme provoqué uniquement par une jalousie de métier ? Ou par la défense d'un monopole ? Seules devraient être considérées comme valables les prophéties établies sous le contrôle de l'Eglise et suivant ses directives plus ou moins formulées.

Israël est-il le guide du monde ?

D'autre part, une fois de plus, il me paraît exagéré d'attribuer, comme le font certains auteurs, une telle importance aux prophéties de l'Ancien Testament. Elles concernent uniquement le destin d'Israël et quels que soient les remous que suscite actuellement la présence du jeune Etat d'Israël au Proche-Orient, il paraît difficile de considérer que le destin d'Israël commande inéluctablement celui de l'ensemble de notre planète, que 14 millions de juifs comptent plus dans notre monde qu'une masse de près de 4 milliards de représentants de toutes les races.

Israël, petite peuplade du désert, n'apparaît dans l'histoire — dans son histoire telle que la rapportent les plus anciens récits hébraïques, bases de la Bible — que vers 2000 av. J.-C. A cette époque, l'Egypte est entrée depuis plus de 1 000 ans dans l'histoire ; la Mésopotamie connaît depuis 2 000 ans la civilisation de Sumer que l'on considère comme l'origine de toutes les civilisations d'après le Déluge ; la Chine est depuis plus de 700 ans un empire puissamment organisé ; Tyr, la capitale de la Phénicie, le premier grand port de l'Antiquité, existe également depuis 700 ans ; la première ville de Troie a déjà été détruite et reconstruite ; les Achéens — sans doute apparentés aux Celtes — se sont établis en Grèce et d'autres indo-européens, les Aryas, en Iran, tandis que les premiers palais s'élèvent en Crète. Quel rôle a joué dans l'histoire de notre monde la civilisation hébraïque alors inexistante à côté des civilisations sumérienne, égyptienne puis grecque et latine ?

Va-t-on faire du petit peuple d'Israël le seul guide spirituel, l'éducateur de l'humanité, le Prométhée universel, créateur de toutes les sciences, de tous les arts, fondateur de toutes les sociétés, uniquement parce que les peuples d'Occident (un sixième de la population du globe) ont puisé leurs leçons de cathéchisme dans l'Ancien Testament qui est, en quelque sorte, l'Iliade et l'Odyssée des Hébreux ? Et quel sort réserve-t-on aux quelque trois milliards d'hommes qui ignorent l'existence de la Bible, qui ne connaissent que les livres sacrés ou les mythologies de l'Inde, de la Chine, du Japon, des pays scandinaves, de tous les pays d'Amérique, d'Afrique ou du Pacifique et qui ont suivi une autre évolution spirituelle ou matérielle ? La « fin du monde » doit-elle être la même pour eux également ?

Délire prophétique et persécutions

On peut remarquer que les périodes de persécutions, exacerbant le fanatisme aussi bien des persécuteurs que des persécutés, provoquent, chez ces derniers, des dérèglements psychiques qui les incitent à des actions assez peu raisonnables comme d'aller au-devant des supplices et de trouver dans ceux-ci une sorte de jouissance. Tout cela s'accompagne de visions, d'hallucinations, de délires variés dont le délire prophétique.

Ainsi, sous Louis XIV, au temps de ces dragonnades que le Roi Très Chrétien avait imaginées pour amener les protestants à se convertir *manu militari,* en l'espace de moins de huit mois, entre juin 1688 et février 1689, plus de six cents prophètes se révélèrent dans le Vivarais et le Dauphiné.

Le peuple d'Israël ayant été souvent cahoté, malmené, ayant subi pendant toute l'Antiquité une succession d'exodes, de déportations, captivités, guerres ou révoltes malheureuses entraînant des répressions, des massacres impitoyables, il est normal que le délire prophétique se soit développé chez lui plus que chez tout autre. Ceci explique l'influence que ses prophètes ont pu avoir jusqu'à nos jours, influence d'autant plus grande qu'elle bénéficiait de la caution de l'Eglise chrétienne.

La Guerre du Pétrole ou l'aberration des Occidentaux

Il est évident que les événements récents donnent à réfléchir. La Guerre du Kippour, déclenchée en octobre 1973 contre Israël par l'Egypte et la Syrie, a mis une fois de plus le peuple biblique au premier rang de l'actualité. Le conflit entre pro et antipalestiniens, feuilleton sanglant aux rebondissements interminables, se répercute dangereusement hors des limites du Proche-Orient. Il a engendré cette guerre froide du pétrole qui pourrait bien un jour enflammer le monde (métamorphose inattendue du froid en chaleur par manque de combustible !).

On en arrive à se demander si, par une étrange aberration, les délires des antiques prophètes du désert n'ont pas, au cours des siècles, provoqué en Occident un délire collectif dont nous subissons aujourd'hui le contrecoup.

Il semble en effet que les chrétiens, dont la religion est issue de la Bible, aient toujours agi comme s'ils souhaitaient assurer l'accomplissement des prophéties de l'Ancien Testament. Prenant le relais des Assyriens, des Romains, des Egyptiens du temps des pharaons, ils ont d'abord organisé et entretenu pendant près de 19 siècles les persécutions que Iahvé avait promises aux juifs. Quand ils se sont enfin décidés à favoriser le retour en Palestine du peuple persécuté, ils ont en même temps, ces inconséquents chrétiens, appris aux Arabes à exploiter le pétrole, leur fournissant ainsi l'arme que les émirs allaient retourner à la fois contre Israël et contre l'Occident.

Bref, si les prédictions des prophètes hébreux venaient à s'accomplir, ce n'est pas à leur valeur propre qu'elles le devraient, mais à une sorte d'autosuggestion morbide qui a entraîné les Occidentaux, hypnotisés par la Bible, de la même façon que le vertige entraîne le promeneur penché au-dessus d'un précipice. On retrouverait ici un des processus d'aboutissement du phénomène prophétique : à force d'être répetée, la prophétie finit par si bien impressionner les esprits qu'elle les amène à provoquer les événements prédits.

8.

Nostradamus et Cie

L'exemple le plus parfait et surtout le plus connu de prophéties sibyllines pouvant donner lieu à une gamme étendue d'interprétations souvent contradictoires, nous est fourni par Nostradamus. Les Centuries du « Mage de Salon » (en Provence) sont, pour les uns, le plus génial survol de l'avenir jamais réalisé par un être humain, pour les autres, un étrange poème d'anticipation en forme d'épopée mythique, hermétique, l'ouvrage d'un Homère mâtiné d'Ezéchiel et de Merlin, inspiré par la contemplation des astres et écrivant dans un style surréaliste du XVIe siècle. De toute façon, depuis quatre cents ans, l'œuvre de Nostradamus a passionné des milliers de chercheurs qui semblent y avoir découvert a posteriori plus de vérités que d'erreurs. Il y a des cas où la poésie anticipe sur la réalité, où le mythe devient plus vrai que la vie elle-même et où le rêve, semble-t-il, crée l'événement, à moins que ce soit l'événement qui justifie le rêve.

Le bienfaisant médecin des pestiférés

Michel de Nostredame, dit Nostradamus, n'avait cependant rien d'un poète plus ou moins farfelu. Fils de Jeaumet de Nostredame, notaire à Saint-Rémy-de-Provence, lui-même petit-fils de Pierre de Nostredame, né Abraham Salomon et converti au catholicisme pour complaire à son maître, le roi René, dont il était le médecin et conseiller privé, l'auteur des Centuries, né le 14 décembre 1503, fit ses études de médecine à Montpellier jusqu'en 1525 où survint une épidémie de peste qui ravagea tout le Midi. A l'âge de 22 ans, il prit la route et, pendant quatre ans, se dévoua à soigner les malades à Narbonne, Toulouse et Bordeaux. Il revint se faire recevoir docteur à Montpellier, s'établit à Agen où l'avait appelé le médecin et érudit Jules César Scaliger, s'y maria, eut deux enfants, les perdit tout jeunes ainsi que leur mère. Après de nouvelles pérégrinations qui le conduisirent jusqu'en Italie, il revint en Provence, fut « mandé par délibérations solennelles des autorités » à Aix où sévissait, en 1546, une nouvelle peste « furieuse et cruelle ». Il s'était remarié avec une jeune fille fort riche, Anne Ponsard, de Salon-de-Provence, où il devait se fixer définitivement. De ce second mariage il eut huit enfants, quatre garçons et quatre filles. Il n'était pas seulement un médecin réputé, il avait des connaissances étendues en mathématiques, astronomie et astrologie. « De nature taciturne, pensant beaucoup et parlant peu », dit son biographe Jean Aimes de Chavigny, mais « vigilant, preux et soudain choléré », il lui arrivait de défendre ses idées ou les remèdes dont il était l'inventeur et de contrer ses adversaires dans un langage « joyeux, facétieux, mordant en riant ». Cette attitude ne dut pas lui valoir que des amitiés et la jalousie de ses confrères l'obligea à mener une existence assez retirée.

Naissance des Centuries

C'est alors que, profitant d'une fortune qui lui laissait toute latitude pour se consacrer à ses recherches, il se mit à étudier les astres et les rapports qu'il pouvait y avoir entre leurs mouvements et les événements du monde. Aux environs de 1550, l'Europe était à l'apogée de la Renaissance, les arts et les lettres étaient en plein essor, les grandes découvertes maritimes s'étaient succédé sans interruption depuis plus d'un demi-siècle ; pour la première fois, trente ans plus tôt, les matelots de Magellan avaient fait le tour du monde ; en 1543, Copernic avait publié ses *Révolutions* ; François Ier jusqu'à sa mort, en 1547, avait tenté de disputer à Charles Quint l'empire de l'Ancien Continent, tandis qu'Henri VIII d'Angleterre, mort lui aussi en 1547, Luther mort en 1546 et Calvin disputaient au pape l'empire des âmes. Partout les esprits étaient en effervescence, de nouvelles révoltes, des guerres religieuses, des guerres de conquête se préparaient.

Un médecin astrologue joignant à sa connaissance des hommes celle du ciel présent et des ciels du passé observés par ses devanciers avait à sa disposition une matière passionnante à disséquer. Dès 1548, Nostradamus avait écrit son premier recueil de sept Centuries qui énuméraient les principaux événements de l'histoire de l'humanité, « perpétuelles vaticinations » valables jusqu'à la fin des temps. L'ouvrage qu'il garda jusqu'en 1555 sans le publier, « estimant que la nouveauté de la matière ne manquerait pas de lui susciter infinies détractions, calomnies et morsures plus que venimeuses », eut tout de suite un grand retentissement. On en parla partout, en bien comme en mal, et Catherine de Médicis fit venir Nostradamus, en août 1556, à la Cour où il fut présenté à Henri II dont il devait se dire plus tard conseiller intime. En 1559, la mort de ce même Henri II tué accidentellement en duel, valut au prophète une célébrité accrue. Tout le monde cita le quatrain de la première Centurie dans lequel il avait annoncé :

> « *Le lyon jeune le vieux surmontera*
> *En champ bellique par singulier duelle ;*
> *Dans caige d'or les yeux lui crèvera :*
> *Deux classes une, puis mourir ; mort cruelle.* »

L' « advénement », ultime conflagration

Nostradamus mourut le 2 juillet 1566, à l'âge de 62 ans, six mois, sept jours. Peu de temps auparavant avait été publié à Lyon un nouveau recueil comprenant les trois dernières Centuries précédées d'une Epître à « Henri, roi de France Second ». Ces trois dernières Centuries reprenaient les événements déjà annoncés dans le premier recueil.

« Commençant depuis le temps présent qui est le 14 mars 1557, écrivait Nostradamus, les prophéties s'étendent très loin dans l'avenir jusqu'à l'advénement qui aura lieu peu après le commencement du septième millénaire, aussi parfaitement déterminé, tant par mes calculs astronomiques que par mes autres connaissances sur lesquelles je ne puis m'étendre... J'ai calculé aussi bien pour les événements de l'avenir que pour ceux des âges passés d'où découlent ceux du présent, mais encore pour tout ce que, dans le cours des temps et dans tous les pays, l'on devra connaître advenir. »

Ce que Nostradamus désignait par le mot « advénement », il l'avait expliqué dans la préface de son premier recueil présentée sous la forme d'une lettre à son fils César : « Je trouve que le monde, avant l'universelle conflagration advenir, subira tant de déluges et de si hautes inondations qu'il ne restera guère de terres qui ne soient couvertes d'eau et cela durera si longtemps que, sauf ce qui vit dans les mers et sur les montagnes, tout périra. Avant comme après ces inondations, en plusieurs contrées, les pluies seront si rares et il tombera du ciel une si grande abondance de feu et de pierres incandescentes, qu'il n'y demeurera rien qui ne soit consumé, et cela surviendra tout à coup avant la dernière conflagration. »

« *Ne donnez pas ces choses saintes aux chiens !* »

Quand cet advénement se produira-t-il ? Dans sa « Lettre à César », Nostradamus précise que ses « perpétuelles vaticinations » sont valables « depuis maintenant jusqu'en l'an 3797 ».

Les chercheurs qui se sont penchés sur ce millésime ont conclu qu'il ne correspondait à rien dans notre calendrier. Il s'agit d'une chronologie établie par Nostradamus et qu'il a volontairement embrouillée, diversifiée pour dérouter ses lecteurs. « Je n'ai point mis par écrit (et en clair) tous les événements intéressant les Etats, partis et religions, car ils subiront des changements si absolument contraires à leur situation que, si j'avais indiqué clairement quel sera leur avenir, les chefs des Etats, sectes, religions et croyances trouveraient la chose si peu en accord avec leurs désirs qu'ils en viendraient à condamner mes écrits et à en empêcher leur connaissance. Et cependant, par les siècles à venir, on connaîtra la réalité de ces événements tant par la réalisation déjà accomplie que par l'approche de la réalisation inéluctable. »

Et Nostradamus ajoutait — ce qui est savoureux quand on songe que ses écrits, comme tous ceux alors publiés, étaient soigneusement épluchés avant et après leur édition par les censeurs de l'Inquisition qui, le cas échéant, envoyaient au bûcher l'imprimeur et l'auteur —, il ajoutait donc : « C'est aussi en considération de la devise du vrai Sauveur : *Ne donnez pas les choses saintes aux chiens et ne jetez point les perles devant les pourceaux de peur qu'ils ne les foulent aux pieds et que, se retournant contre vous, ils ne vous déchirent,* que je me suis gardé d'employer une langue populaire et de l'écrire. »

Les décrypteurs, habitués à jongler avec les chiffres, ont pensé que, de même que les innombrables notes laissées par Léonard de Vinci, écrites à l'envers, doivent être déchiffrées dans un miroir, certaines datations indiquées par Nostradamus devaient être retournées. Ainsi l'an 3797 devient 7973 et correspond au septième millénaire indiqué dans son épître à Henri, roi de France second, septième millénaire au cours duquel doit se produire l'« advénement ».

La plus grande persécution

Parfois une date marquée en toutes lettres correspond à notre calendrier et fournit un point de repère. Dans la même épître, pour annoncer le début de la Révolution, le savant embrouilleur écrivait : « Commençant cette année, sera faite plus grande persécution à l'Eglise chrétienne et durera cette persécution jusqu'en l'an mil sept cent nonante deux que l'on croira être une rénovation de siècle ».

Cette année de commencement est sans doute 1789, année néfaste pour l'Eglise catholique : 23 août, la Constituante rendait son décret sur la liberté religieuse ; le 2 novembre, elle mettait « les biens du clergé à la disposition de la Nation » ; le 24 décembre, elle reconnaissait les protestants « capables de tous les emplois civils et militaires ». Le 13 février suivant, c'était l'interdiction des ordres monastiques et des congrégations puis, en novembre 1790, la constitution civile du clergé, le serment civique imposé aux prêtres, enfin en 1792 la déportation des prêtres réfractaires et les Massacres de Septembre. Jamais l'Eglise ne devait subir « plus grande persécution » et la Révolution elle-même pouvait être considérée comme une « rénovation de siècle ».

Or, voici comment, toujours dans son épître préliminaire, Nostradamus définit d'une part cette année 1789, commencement de la Révolution, et d'autre part, l'année qui sera en quelque sorte l'aboutissement de ce grand bouleversement : « J'espère donner quelques facilités d'interprétation en laissant par écrit les ans, villes, cités et régions où la plupart des événements adviendront, même ceux de l'année 1585 et de l'année 1606. »

Un des partisans du retournement des chiffres, Em. Ruir dont deux ouvrages inspirés par les prophéties de Nostradamus *Le Grand Carnage* et *L'Ecroulement de l'Europe* ont été interdits et détruits par les Allemands en 1940, affirme que 1585 retourné, soit 5851, correspond à 1789 et que, dans ce cas, 1606 également retourné, soit 6061, correspond à 1999. Le calcul est simple : la différence entre 5851 et 6061 est 210, ajoutez 210 à 1789, vous obtenez 1999.

Ainsi 1606, autrement dit 6061 indiquerait l'an 1999 de notre calendrier que, par ailleurs, Nostradamus, désigne par l'an 3797 qu'il faut lire 7973. On voit de quelle façon Nostradamus multiplie les chronologies pour brouiller les pistes. Seuls les initiés connaissant le code ou plutôt la succession de codes utilisée par l'astrologue de Salon peuvent s'y retrouver.

Prophétiques supputations et calculs astronomiques

Nostradamus basait ses prédictions tout d'abord sur ses calculs astronomiques. Il l'a précisé à plusieurs reprises : « Ces prophétiques supputations sont, pour la plupart, composées et accordées par calculs astronomiques correspondant aux ans, mois, semaines ; aux régions, contrées et principales villes et cités de toute l'Europe, de la partie voisine de l'Afrique, d'une partie de l'Asie et aux grands changements que subiront ces régions dans les temps prochains, ainsi que le démontre leur climat (c'est-à-dire leur destinée par les influx reçus) composé naturellement. »

Mais, par prudence, pour éviter d'être accusé de prétention inadmissible à une « toute connaissance » contraire à l'humilité chrétienne, pour n'être pas traîné devant les tribunaux de l'Eglise comme hérétique ou sorcier, il s'empressait d'ajouter que « ceux-là seuls inspirés par la Divinité peuvent prédire les faits particuliers avec un génie prophétique », que ses prédictions « étaient le fait de l'inspiration divine », car « rien ne se peut parfaitement définir sans la volonté de Dieu » mais « dans les temps présents, peuvent se trouver des personnages à qui Dieu le Créateur a voulu, par imaginatives impressions, révéler quelques secrets de leur avenir en rapport avec l'astrologie judiciaire, de même que dans le passé une certaine puissante et personnelle faculté est venue par flamme de feu apparente. »

A l'abri de ce bouclier divin, notre prophète pouvait opérer dans une relative tranquillité.

Que devons-nous retenir de ses prédictions ? Après coup, comme il l'a dit lui-même, un certain nombre d'entre elles semblent s'être réalisées, c'est-à-dire que dans le labyrinthe des images nébuleuses, des mots à double sens ou à sens indéterminé, des symboles et allégories de toutes sortes, des esprits sagaces ont entrevu des explications possibles d'événements passés. Mais pour l'avenir l'interprétation est plus aléatoire.

Le régime communiste en France... depuis 1948 !

Je n'en donnerai qu'un exemple. Dans son troisième ouvrage sur Nostradamus, publié en 1947 [1], Em. Ruir

1. *Nostradamus,* Ed. Médicis.

donne son interprétation des prédictions contenues dans les Centuries pour les années 1949 à 2023. Voici simplement quelques extraits de ses conclusions :

« *1948 - 1952*. En France, le renversement de la IVe République et l'installation d'un régime communiste, nous paraît, d'après les prophéties de Nostradamus, devoir se réaliser en août-septembre 1948. Il peut y avoir avant cette date un coup de force communiste, mais l'installation d'un gouvernement communiste ne semble pas pouvoir être réalisée avant août-septembre 1948... En même temps qu'en France, la révolution éclatera en Angleterre et en Belgique, Flamands et Wallons se sépareront.

« Les Etats-Unis se trouveront ainsi seuls face à la Russie soviétique et, comme l'Italie, en proie à de violents troubles sociaux et économiques, le gouvernement ne pourra, en raison de l'opposition violente des masses, entrer en guerre contre la Russie et ses alliés prêts à attaquer la Turquie et la Grèce.

« Pour s'assurer le concours de l'Allemagne dans sa lutte contre l'Occident, la Russie lui promettra de rétablir son indépendance et armera les éléments communistes de ce pays. Aidée par les forces soviétiques d'occupation, cette armée allemande refoulera jusqu'au Rhin les quelques contingents américains d'occupation.

« En même temps, les armées soviétiques de la mer Noire attaqueront les forces turques et les écraseront en trois batailles. Maîtresses de Constantinople et des Détroits, elles attaqueront la Grèce, y renverseront le gouvernement du roi et installeront un gouvernement communiste qui s'alliera à la Russie.

« Forte alors en Méditerranée, la Russie soviétique donnera le signal du déclenchement des coups de force communistes en France et en Italie, et s'emparera du port de Trieste. Sa Sainteté Pie XII devra quitter Rome et un prêtre communiste sera nommé antipape.

« Si le parti communiste réussit en France en certains points, comme à Marseille, une violente résistance lui sera opposée, en particulier dans l'Ouest...

« Paris, envahie par les étrangers accourus à la curée, deviendra une nouvelle Babylone et les pires atrocités y seront perpétrées. La persécution des églises chrétiennes, de ses représentants et de ses fidèles revêtira un caractère inouï d'atrocité, les discours des dirigeants communistes tendant uniquement à ameuter les foules contre les églises. Puis, « ceux qui avaient cru se libérer » : ouvriers, employés, artisans, intellectuels, paysans, seront soumis à l'esclavage et travailleront au profit des dirigeants communistes, y compris des étrangers dont la vie deviendra scandaleuse et qu'il faudra acclamer... Le régime communiste se maintiendrait en France durant trois ans : 1948-49 à 1951-52. Mais, comme au temps de Jeanne d'Arc alors que la France avait été vendue aux Anglais, tout comme au temps de l'occupation allemande, le peuple se soulèvera contre les gouvernants qui auront livré la France à la Russie... »

Il suffit de comparer ces prévisions avec les événements qui se sont réellement déroulés entre 1948 et 1952 pour constater un certain nombre de divergences — c'est le moins que l'on puisse dire. Si quelques faits semblent donner raison à Nostradamus et à son interprète (séparation des Flamands et Wallons, renversement de la royauté en Grèce) avec un décalage très net dans les dates (c'est en décembre 1967 que le roi Constantin, en désaccord avec le « régime des colonels » a quitté la Grèce et c'est en 1973 seulement qu'il a été déposé), pour le reste Em. Ruir a été hypnotisé par son horreur du communisme, il a pris pour des réalités à la fois ses propres cauchemars et les rêves de ses adversaires, et il a vu un peu partout surgir le spectre du monstre abhorré, ce qui l'a entraîné à des extrapolations plutôt hasardeuses allant jusqu'à la nomination à Rome d'un antipape communiste.

Pour les années 1972-1973, Nostradamus voyait, toujours suivant Em. Ruir, le monde arabe entrer en ébullition et chasser de son territoire les Européens qui s'y trouveraient encore. « Un empire arabe sera constitué depuis le Maroc jusqu'à la Turquie. Tombée en décadence, sans armée, sans aviation et sans marine, les révolutions ayant tout ruiné, l'Europe deviendra une proie facile pour les envahisseurs. Le monde mahométan sera le premier de ces envahisseurs.

« Les nations américaines ne porteront plus aucun intérêt à l'Europe et jugeront qu'il est parfaitement ridicule d'intervenir pour empêcher celle-ci de se suicider et s'anéantir dans des révolutions, si tel est son bon plaisir.

« Le septième Antéchrist, prince d'Arabie, pénétrera en Palestine, la saccagera et s'installera à Jérusalem où il préparera l'invasion de l'Europe méditerranéenne. Les Arabes de Tunisie et de l'Afrique du Nord s'associeront à son entreprise. Le sultan du Maroc s'opposant à ce plan sera fait prisonnier en 1973. »

Si la prédiction se vérifie en ce qui concerne l'ébullition du monde arabe, elle semble — au moment où ce livre est mis sous presse — pour le moins teintée d'exagération quant à la ruine et à l'écrasement d'une Europe à la merci des armées de l'Antéchrist mahométan triomphant.

Les « jeux d'hécatombe » de la fin du XXe siècle

Cela nous rassure un peu et nous laisse sceptiques sur l'évolution future des événements telle qu'a cru devoir l'interpréter Em. Ruir pour la période 1973-1981 :

« Maîtres de l'Afrique du Nord, les mahométans se porteront à l'assaut de l'Europe, tandis que le huitième Antéchrist asiatique leur fournira des renforts puisés chez les mahométans de l'Inde. Du Maroc, les Arabes passeront en Espagne qui sera complètement conquise en 1978... En même temps que l'Espagne les mahométans attaqueront l'Italie. Les troupes françaises envoyées dans ce pays devront revenir en France, le gouvernement italien pactisant avec les Arabes dans leur lutte contre la papauté. De l'Italie, qu'ils ravageront, les Arabes passeront à la conquête de la Hongrie... Dès le mois de février 1975, la France sera elle-même menacée par l'invasion arabe et c'est en février 1981 que les mahométans, venus d'Espagne, feront leur entrée dans Foix. »

Heureusement, suivant notre auteur, l'Europe sera libérée de l'invasion arabe en 1988 grâce à l'intervention des Etats-Unis, mais ce ne sera qu'un court répit : en 1996, nouvelle invasion de l'Europe par l'ensemble des « rois d'Asie sous les ordres du huitième Antéchrist, guerre sanglante jusqu'en 1999 où « les armées européennes et américaines réunies anéantiront les armées asiatiques ».

Là-dessus apparaîtra un nouveau corps céleste qui s'approchera de la Terre et déclenchera, de l'an 2000 à 2006, des pluies de feu puis un déluge, des éruptions volcaniques, des séismes qui bouleverseront la surface du globe, anéantiront toute civilisation... Une autre humanité naîtra alors (peut-être) sous le signe du Verseau.

Quelles que soient les exagérations de certains de ses traducteurs, il est indéniable que Nostradamus ne voyait pas cette fin de notre vingtième siècle en rose :

> « *Au révolu du grand nombre septièsme*
> *Apparoistra au temps jeux d'Hécatombe*
> *Non esloigné du grand aage milliesme*
> *Que les entrez sortiront de leur tombe.* »

Annonçant l'approche du Jugement dernier, à la fin du septième millénaire de sa chronologie personnelle, il rejoignait les visions et prévisions de Jean de l'Apocalypse, de Daniel, Isaïe, Ezéchiel et tous les autres prophètes. Ses observations astronomiques, les calculs et déductions astrologiques qu'il en a tirés ont-ils été influencés par ses lectures des Ecritures, ou bien a-t-il eu réellement cette vision d'ensemble du monde futur, cette prémonition stupéfiante de l'enchaînement de tous les événements de l'histoire sur un espace de quatre siècles et demi ?

Avis aux explorateurs de 2037

Il faudrait, pour s'en assurer, connaître le « brouillon » de ses Centuries, l'interprétation en clair des horoscopes des « royaumes » d'Europe établis d'après les ciels de ces nations aux différentes époques, interprétations que Nostradamus s'est ensuite ingénié à rendre aussi confuses, aussi énigmatiques que possible.

Peut-être ce texte a-t-il été détruit ? Peut-être existe-t-il toujours, enfermé dans un coffret qui pourra être retrouvé, pour la plus grande gloire et justification de son auteur :

> « *De cinq cents ans plus compte on tiendra*
> *Celuy qu'estait l'ornement de son temps* »

écrit modestement Nostradamus. S'il est retrouvé, ce coffret, ce ne sera donc pas avant 500 ans. Autrement dit, en comptant au plus juste, si nous considérons que toutes les Centuries étaient écrites en 1557, nous ne pouvons pas espérer les connaître en clair avant 2057, c'est-à-dire... après cette « fin des temps » qu'elles annoncent.

Dans la première Centurie, quatrain 27, Nostradamus renseigne avec son exactitude habituelle les chercheurs qui pourraient être intéressés :

> « *Dessous la chaîne Guien du ciel frappé*
> *Non loin de là est caché le thrésor*
> *Qui par longs siècles avaient été grappé*
> *Trouvé mourra, l'œil crevé de ressort.* »

« Dessous la chaîne Guien » peut être quelque part en Guyenne, au pied d'une petite chaîne de collines, ou non loin d'une construction ornée de chaînes de pierre, ou encore (Nostradamus manie volontiers le calembour) près d'un chêne planté sur une éminence... A moins que Guien signifie Chien par analogie avec l'espagnol, ce qui donne lieu à une nouvelle gamme d'interprétations.

Non loin de cet endroit qui est ou sera frappé par la foudre (« du ciel frappé ») est caché le coffret contenant le trésor. Mais celui qui le trouvera aura l'œil crevé par le ressort du couvercle et en mourra.

Les explorateurs de 2057 — s'il en reste — auront

intérêt à se méfier, surtout s'ils se souviennent de la prédiction accomplie de la mort d'Henri II.

Et si Nostradamus n'était pas l'auteur des Centuries ?

Dans sa préface à la première édition des Centuries, la « lettre à César », Nostradamus fait allusion à « plusieurs volumes qui étaient restés cachés de longs siècles » et qui lui ont été remis. « Doutant de l'emploi qui pourrait en être fait, j'en ai, après lecture, fait présent au feu de Vulcain. Et tandis que le feu les dévorait, la flamme léchant l'air rendait une clarté insolite, plus claire que peut l'être une flamme ordinaire ; fulgurante comme l'éclair, illuminant subitement la maison comme si elle avait été subitement embrasée. Et c'est afin qu'à l'avenir on ne puisse être abusé par eux pour scruter la totale transformation que subiront la Lune et le Soleil et sous la terre les métaux incorruptibles et sur la Terre les ondes occultes, que je les ai réduits en cendres. »

Ce passage rend plausible une hypothèse qui a été émise entre autres par P.V. Piobb et dont fait état Guy Tarade dans ses « Archives du Savoir Perdu », à savoir que Nostradamus n'aurait pas écrit lui-même ses prophéties.

Chaque Centurie comprend en effet en principe 100 quatrains, la septième n'en comptant que 42, cela fait un total de 958 quatrains publiés du vivant de l'auteur (plusieurs dizaines de quatrains plus ou moins apocryphes ont été ajoutés après sa mort). Il est difficile d'admettre qu'un homme ayant passé la plus grande partie de sa vie à voyager, à prodiguer ses soins à des pestiférés, sans pouvoir donc se consacrer à des recherches astronomiques, astrologiques ou autres très suivies, se soit brusquement mis à écrire, en 1546 — alors que la peste sévissait encore à Aix-en-Provence — un nombre aussi considérable de quatrains résumant des observations et cogitations plus considérables encore. Et qu'il ait écrit cette « somme » d'énigmes versifiées aux sens multiples décrivant chacune, avec la plus minutieuse imprécision, un moment du monde futur, *presque d'un seul jet,* puisque tout était terminé, dit-il, en 1548 et ne commença à être publié que sept ans plus tard.

Tandis que si l'on suppose que Nostradamus qui, pendant toute la première partie de sa vie, avait beaucoup voyagé et fréquenté un grand nombre de penseurs et savants de son époque, ait pu rencontrer des initiés de diverses sociétés secrètes, il n'y aurait rien d'invraisemblable à ce que certains de ceux-ci lui aient fait part de documents qu'ils avaient en leur possession et même les lui aient confiés. Serge Hutin, dans son livre sur Nostradamus [1], pense que celui-ci aurait été un membre influent des Rose-Croix, peut-être même Grand Maître.

Les Centuries transmises par les Templiers

Selon P.V. Piobb, Nostradamus se serait inspiré des « prophéties perpétuelles » d'un certain Thomas Moult, pseudonyme transparent (moult = beaucoup) choisi par un groupe d'initiés réunis au XIIIe siècle par l'empereur

1. *Les prophéties de Nostradamus,* Ed. Pierre Belfond.

Frédéric II de Hohenstaufen. Ces initiés auraient eux-mêmes puisé leurs connaissances dans les archives secrètes des Templiers que ce même Frédéric II avait fait expulser de Sicile en 1229. Nostradamus aurait eu la mission de transmettre aux siècles futurs les prophéties établies depuis des millénaires par les plus savants astrologues d'Egypte, de Chaldée ou d'Asie, ainsi que par les prophètes de la Kabbale et que les Templiers auraient découvertes au cours des premières croisades.

Pour éviter que ces prophéties fussent détruites, comme l'ont été au cours des siècles, par des fanatiques ou des ignorants, des milliers d'ouvrages précieux qui nous renseigneraient aujourd'hui sur l'histoire et les connaissances des premiers hommes et éventuellement de ceux qui les ont précédés, il fallait les faire imprimer et répandre abondamment.

Mais, d'autre part, pour que d'aussi « occultes vaticinations » rendues publiques ne fussent comprises que par des descendants des Templiers ou de rares initiés autorisés, Nostradamus les aurait transcrites dans un langage ésotérique que seuls peuvent déchiffrer ceux qui en possèdent le code.

Cette explication n'est pas à rejeter à priori. Dans le domaine de l'impénétrable tout est possible. Si le génie purement prophétique de Nostradamus en est un peu diminué, le mystère qui entoure le Mage de Salon et ses obscures divinations s'en trouve accru. Ceci compense cela.

Nostradamus, poète futuriste

Une dernière explication qui permettrait de résoudre encore plus définitivement le problème Nostradamus, de dissiper tout malentendu et d'arrêter les calculs abracadabrants, serait de considérer notre médecin retraité de Salon comme un faux astrologue, un faux prophète, un faux mage qui a berné des générations de naïfs en leur faisant croire à la réalité de ses prédictions, et de lui rendre la place que certains lui ont attribuée — et à laquelle je faisais allusion au début de ce chapitre — celle d'un vrai poète.

J'étais en train de songer à cela quand je suis tombé par hasard, dans une librairie du Quartier Latin, sur un petit livre : *Nostradamus, poète français* [1]. L'auteur, François Crouzet, sans se soucier un instant de chercher dans les Centuries des prédictions plus ou moins fuligineuses, s'est contenté de les lire comme un recueil de quatrains poétiques et il leur a découvert un sens éblouissant. « Nostradamus, écrit-il, est un poète à couper le souffle ; un extraordinaire inventeur de machines à rêver ; un prodigieux vivier de mots, de sons, de tours, d'images, de songes. »

En effet, comment penser qu'il puisse être autre chose qu'un poète celui qui se peint ainsi lui-même, dans le premier quatrain de la première Centurie :

> « *Estant assis, de nuict secrète estude,*
> *Seul reposé sur la selle d'airain,*

1. Collection « Idée fixe » dirigée par Jacques Chancel, Julliard.

Flambe exiguë, sortant de solitude
Fait prospérer qui n'est à croire vain. »

Et pourquoi chercher une allusion à un quelconque Napoléon dans le quatrain suivant qui n'est peut-être que l'évocation des amours tourmentées d'une dame de tous les temps à qui le poète a donné l'apparence symbolique d'une belle Romaine occupant les loisirs d'un guerrier victorieux :

« *L'aigle posée entour des pavillons*
Par autres oyseaux d'entour sera chassée
Quand bruit des cymbres, tubes et sonnaillons
Rendront le sens de la Dame insensée ».

Mais aussi comment refuser un don prémonitoire à celui qui a écrit ce quatrain déjà cité :

« *Après grand trouble humain plus grand s'appreste*
Le grand moteur les siècles renouvelle,
Pluye, sang, laict, famine, feu et peste :
Au ciel veu feu courant, longue estincelle ».

« Feu courant, longue estincelle » n'est-ce pas une étonnante vision des déluges de feu que la furie dévastatrice de l'homme allait provoquer quelques siècles plus tard à coups de bombes au napalm ou de bombes nucléaires ? Il est vrai que les poètes sont des visionnaires, c'est-à-dire souvent des prophètes.

Deux imitateurs malchanceux : le fils de Nostradamus et le mathématicien Cardan

Si la célébrité de Nostradamus n'a pas souffert de l'usure du temps, son second fils, prénommé lui aussi Michel, eut moins de chance. Alors que l'aîné, César, fit une honorable carrière de poète, de peintre et d'historien et se vit attribuer par Louis XIII le titre de gentilhomme ordinaire de la Chambre, son cadet Michel, dit Nostradamus le Jeune, prétendait avoir hérité le don de son père. Il avait composé un *Traité d'astrologie* et prédisait l'avenir. Désireux d'étendre sa clientèle par un coup d'éclat, il prédit en 1574 que la petite ville de Pouzin, dans le Vivarais, alors assiégée par les troupes royales, périrait par le feu. La cité ayant capitulé, Michel Nostradamus collabora à la réalisation de sa prophétie en incendiant lui-même plusieurs maisons. Surpris dans cet exercice de son sacerdoce, il fut fusillé sur-le-champ et jeté dans les flammes, ce qu'il n'avait pas prévu.

Deux ans plus tard, en 1576, un autre devin malchanceux mourait à Rome : c'était l'illustre médecin, mathématicien et philosophe italien Jérôme Cardan, l'inventeur du mode de suspension qui porte son nom. Ce savant était un personnage assez singulier. Ennemi de toute modestie, il se considérait comme l'un des hommes les plus importants de son époque. La date de sa naissance lui paraissait un des grands événements de l'histoire du monde et il notait au jour le jour, sur un registre, à l'intention de la postérité, ses moindres faits et gestes accompagnés de longs commentaires sur ses qualités et aussi ses vices nombreux et variés. S'intéressant à toutes les sciences, il avait étudié l'astrologie et une de ses premières expériences dans ce domaine lui avait déjà valu quelques ennuis. Ayant établi l'horoscope du Christ, il avait voulu démontrer que le supplice de la croix était inscrit dans le thème astrologique du Messie. Cet essai de confirmation scientifique de la vérité des Ecritures scandalisa les défenseurs de la foi : Cardan fut jeté en prison par un tribunal ecclésiastique. Libéré au bout de quelques mois, il quitta Bologne où il enseignait pour s'établir à Rome et le pape le réconcilia avec la religion en lui faisant une pension.

Mais Jérôme Cardan avait également établi son propre horoscope et calculé qu'il mourrait à l'âge de 75 ans. Il avait prévu le jour exact de sa mort et en avait fait part à ses amis et relations. A l'approche du moment fatidique, constatant qu'il était encore en assez bon état de santé, il cessa de s'alimenter, se laissa mourir de faim. On prétend même qu'il s'empoisonna pour ne pas dépasser le terme qu'il s'était prescrit et ne pas faire mentir ses calculs.

9.

L'engrenage infernal de l'histoire

L'auteur de *l'Ecclésiaste,* qui, suivant la tradition, serait Salomon lui-même, disait, il y a près de trois mille ans : « Ce qui a été est ce qui sera et ce qui s'est fait est ce qui se fera : *il n'y a rien de nouveau sous le soleil.* Qu'il y ait quelque chose dont on dise : vois, ceci c'est nouveau ! Cela a déjà été aux siècles qui furent avant nous. »

L'historien grec Thucydide écrivait, cinq siècles plus tard : « L'histoire est un perpétuel recommencement. » De Térence (« Rien n'est dit qui n'ait été dit ») jusqu'à La Bruyère (« Tout est dit, et l'on vient trop tard depuis plus de 7 000 ans qu'il y a des hommes et qui pensent... ») cette idée a si souvent été reprise et habillée de toutes les façons qu'elle est devenue de la plus courante banalité. L'illustre demoiselle Rose Bertin, marchande de modes de Marie-Antoinette, lorsqu'elle déclarait avec toute la majesté d'une reine de la toilette : « Il n'y a de nouveau que ce qui est oublié », ne se doutait pas qu'elle rejoignait par des voies froufroutantes *l'Ecclésiaste* déjà cité : « Il n'y a pas de souvenir des anciens, et non plus de la postérité qui sera. Il n'y aura pas de souvenir chez ceux qui seront après. »

Bref, comme dit dit la sagesse populaire, « plus ça change, plus c'est la même chose ».

Du Cancer au Verseau

Pour les astrologues, cela ne fait pas l'ombre d'un doute. Notre existence, l'existence de notre planète sont réglées par les astres dont les révolutions cycliques commandent les cycles de l'histoire de l'humanité. Chacun de ces cycles a une durée de 2 160 ans qui correspond, nous l'avons dit, au temps que met le point vernal à passer d'un signe du zodiaque à l'autre.

Au début de l'ère adamique, au temps de la Genèse, c'est-à-dire il y a dix mille ans environ, après la destruction de l'Atlantide, l'humanité se trouvait sous le signe du Cancer. Elle passa ensuite, vers 6000 av. J.-C., sous celui des Gémeaux qui correspond à la période légendaire où les initiateurs survivants d'un monde englouti vinrent éduquer les hommes (Elohim, Atlantes, etc.). Vers 4500 av. J.C., elle se trouvait sous l'influence du Taureau, vénéré en Egypte sous la forme du bœuf Apis et de la vache Hathor, moins apprécié en Crète où il se manifestait sous l'apparence du monstre dévoreur de chair humaine, le Minotaure. Au Taureau succéda, vers 2300 av. J.-C., le Bélier également vénéré par les Egyptiens (Amon, le dieu du Soleil, à tête de bélier), par les Celtes, par les tribus nomades de l'Orient, et immolé par les Hébreux, sous la forme de l'agneau. Vers 200 av. J.-C. débutait l'ère des Poissons qui a vu la naissance du Christ, l'avènement et le triomphe de la religion nouvelle. Le mot Ichtus ou Ichtys qui signifie poisson est la transcription en caractères latins du monogramme grec du Christ formé des initiales de Iesous Christos Théou Uîos Sôtêr (Jésus-Christ fils de Dieu, sauveur).

En principe, cette ère des Poissons se termine actuellement. Mais les avis sont partagés : pour certains, nous sommes entrés dans le Verseau depuis 1950 ou 1960, pour d'autres nous n'y serons qu'en 2020 ou 2030, pour d'autres encore le Soleil ne se lèvera dans la constellation du Verseau que vers l'an 2700.

Quelles que soient les petites divergences sur les dates de départ et d'arrivée, chacune de ces périodes zodiacales définit une époque de l'histoire de l'humanité. Les astrologues non seulement l'affirment mais s'ingénient à le démontrer dans une foule d'ouvrages pleins de calculs souvent incompréhensibles pour les profanes mais fort convaincants.

2165 ans : durée d'une civilisation

Pour Dom Néroman, la période zodiacale — qu'il estimait à 2 165 ans — était la durée moyenne d'une civilisation. Il décrivait ainsi les quatre périodes qui se sont écoulées depuis le Déluge et qui, selon les déclinaisons de l'astrologie, constituent un cycle complet des quatre éléments :

« La civilisation des Gémeaux, signe d'air, d'intelligence, celle qui fit le calendrier (Atlantide-Egypte), celle qui dressa face aux étoiles l'énigme du sphinx, si vieux que Chéops le répara ; puis la civilisation du Taureau, signe de terre, époque d'abondance, de fertilité, de sagesse, celle qui connut une ère de paix aussi longue que de Charlemagne à Napoléon (imagine-t-on ce qui resterait de l'histoire d'Europe, entre ces deux empereurs, si les guerres étaient passées sous silence ?) ; ensuite la civilisation du Bélier, signe de feu, combative, agressive, pleine du bruit et de la poussière des armées égyptiennes, assyriennes, perses, grecques, romaines — Moïse lui-même était chef d'armée, et le Dieu des Juifs était le Dieu des armées — enfin la civilisation des Poissons, signe d'eau, douloureuse, tourmentée, inquiète, paradoxale, religieuse jusqu'à la haine, prédicante. Les dynamismes de ces civilisations furent, d'un mot, spiritualiste pour la première, créateur de confort pour la seconde, agressif pour la troisième, évangélisateur pour la quatrième.

« Le cycle est fini, et recommence ; l'ère du Verseau qui s'ouvre a la même atmosphère que l'ère des Gémeaux, qui s'ouvrit symboliquement sur le mont Ararat, quand les yeux du patriarche aperçurent la blancheur mouvante de la colombe sur le ciel noir qui roulait ses nuages de plomb.

« Il n'y a jamais, certes, identité. Mais il n'est pas impossible, il est même assez probable que des cataclysmes géologiques marqueront le passage de l'ère des Poissons à celle du Verseau.

« Nous allons donc vivre des temps grandioses. »

Une grande tribulation en 1984

Calculant, en décembre 1936, d'après la chronologie des Papes, les dates auxquelles devaient se produire les événements « grandioses » que l'humanité allait vivre,

Dom Néroman estimait qu'une « grande tribulation » se produirait aux environs de 1984.

Si ce que le monde a vécu depuis 1936 — l'apogée du nazisme, la deuxième guerre mondiale, les déportations, Hiroshima, le Vietnam, etc. — n'est qu'une petite tribulation à côté de celle qui nous attend, tous les espoirs sont permis.

D'autres experts en divination sidérale, rêvant des lauriers de Nostradamus, ont établi et continuent d'établir des horoscopes complets de l'humanité en général et de chaque nation en particulier. Nous ne les passerons pas en revue, une bibliothèque n'y suffirait pas.

Quand on voit la vogue dont jouit l'astrologie à notre époque, auprès d'un public qui ne se lasse pas de dévorer les horoscopes des journaux et d'aller « consulter » avant d'entreprendre quoi que ce soit, il est amusant de rappeler ce que pensaient de cette activité les distingués et cartésiens collaborateurs de la Grande Encyclopédie, « inventaire raisonné des sciences, des lettres et des arts » publiée vers 1885 sous la direction de Marcelin Berthelot, sénateur, membre de l'Institut :

« L'astrologie ne compte plus aujourd'hui d'adeptes sérieux et il est facile d'en traiter les principes et les doctrines comme autant d'absurdités qui ne valent plus la peine d'être étudiées depuis que le temps est passé de les combattre. Mais si l'on considère la place que la divination sidérale a tenue dans les croyances du passé, l'influence qu'elle a exercée sur la civilisation, les relations qu'elle a eues avec les véritables recherches scientifiques, on reconnaîtra qu'elle demeure encore intéressante, comme tout ce qui touche à l'histoire de l'intelligence humaine. »

L'auteur de ces lignes qui, après avoir dénié toute

valeur à l'astrologie pour le présent et l'avenir, lui accordait une efficacité certaine pour le passé, aurait souri avec commisération si on lui avait prédit que, près d'un siècle plus tard, après que la science humaine eut fait un bond qu'aucun des encyclopédistes d'alors ne pouvait imaginer, la divination sidérale compterait des adeptes peut-être plus nombreux que jamais. Et que ceux-ci penseraient très sérieusement, avec la plupart des astrologues, qu'il ne serait pas impossible que la fin de l'ère des Poissons marquât la fin de ce que l'on nomme l'« époque adamique » ou « époque christique » et qu'elle marquât en même temps, sinon la fin du monde, du moins la fin d'un monde où nous commencions à nous habituer à passer notre courte vie.

Le troublant dans cette aventure c'est que, même si l'on ne croit pas aux prophéties sidérales ou autres, on est obligé de constater aujourd'hui qu'elles ont une fâcheuse tendance à rejoindre l'événement, à moins que ce ne soit l'événement qui se précipite au-devant des prophéties.

Rythmes et saisons de l'Histoire

Des historiens qui ne pratiquent pas l'astrologie pensent avoir déterminé des « cycles » qui commandent le déroulement de l'Histoire et font revenir à peu près les mêmes épisodes, les mêmes personnages marquants, à des intervalles de temps réguliers, ceci indépendamment de tout phénomène astral.

Indépendamment ou presque... Gaston Georgel, l'auteur des *Rythmes dans l'Histoire,* prend pour base de ses calculs ce qu'il appelle « l'année cosmique » c'est-à-dire le cycle de 2 160 ans défini par la précession des équinoxes. C'est là tout ce qu'il emprunte à l'astronomie.

Pour son étude des événements de la période dite historique, Gaston Georgel fait partir son calendrier de 1760 av. J.-C., c'est-à-dire une année cosmique avant l'an 400 de notre ère qui marque pour lui la fin de la civilisation païenne gréco-latine. En effet, c'est en 395 que Théodose Ier partagea entre ses deux fils Arcadius et Honorius le grand empire romain qui ne fut jamais reconstitué et devint très vite la proie des Barbares.

La première année cosmique de ce calendrier historique s'étend donc sur 2 160 ans, de 1760 av. J.-C. à l'an 400 ; elle est divisée en quatre saisons de 540 ans et en douze mois de 180 ans. La deuxième année commence en 400 et s'étend jusqu'à nos jours c'est-à-dire pas tout à fait sur 9 mois de 540 ans (les neuf mois complets menant jusqu'à 2 020).

Les événements parallèles

En examinant ce calendrier, on constate que la plupart des événements de la première année cosmique correspondent mois pour mois à ceux de la deuxième année. Autrement dit, au bout de 2 160 ans environ les mêmes conjonctures ou des conjonctures très ressemblantes se reproduisent et entraînent des effets à peu près similaires.

Ainsi aux environs de 1760 av. J.-C. (janvier de la première année cosmique) les Achéens, indo-européens venus du nord, envahissent la péninsule balkanique qui sera plus tard la Grèce. Ils chassent ou absorbent les premiers occupants, les Pélasges, et fondent la civilisation mycénienne. A la période correspondante de la deuxième année cosmique, 2 160 ans plus tard, au début du ve siècle de notre ère, les peuplades germaniques envahissent l'Europe occidentale. En 447, les Francs s'établissent en Gaule, s'unissent avec les Gallo-Romains et vont donner leur nom à la France.

Vers 1300 av. J.-C., Ramsès II règne sur l'Egypte, à la même période de l'année cosmique suivante, en l'an 800, Charlemagne est couronné empereur, soit 2 100 ans plus tard (au lieu de 2 160, un décalage minime que l'on peut pardonner à la vivante histoire).

Quelques autres correspondances plus ou moins approximatives relevées dans le calendrier de Gaston Georgel :

— vers 1180 av. J.-C., la guerre de Troie, croisade des Grecs en Asie mineure ; en 1096, la première croisade des chrétiens d'Occident sous l'impulsion de Pierre l'Ermite (2 276 ans plus tard) ;

— vers 430 av. J.-C., à Athènes, apogée du siècle de Périclès, époque grecque « classique » ; vers 1670, en France, apogée du siècle de Louis XIV, règne des « classiques » (2 100 ans plus tard) ;

— en 336 av. J.-C., avènement d'Alexandre le Grand ; en 1804, Napoléon Ier couronné empereur (2 140 ans).

Et nous approchons de notre temps :

— en 218 av. J.-C., Annibal franchit les Alpes et envahit l'Italie, c'est le début de la deuxième guerre punique ; en 1914, l'Allemagne envahit la Belgique et la France, et l'on peut considérer que l'état de guerre commencé cette année-là a duré jusqu'en 1945 (2 132 à 2 163 ans) ;

— en 146 av. J.-C., destruction de Carthage, fin de la troisième guerre punique, les Grecs révoltés sont définitivement écrasés par les Romains et perdent leur indépendance ; 2 160 ans plus tard nous serons en l'an 2014 qui devrait être encore une période troublée.

Poussant plus loin, Gaston Georgel a constaté une similitude entre les événements de deux saisons consécutives, c'est-à-dire à 540 ans d'intervalle.

Au milieu du règne d'Hugues Capet, 991, correspond 540 ans plus tard le milieu du règne de François Ier, 1531 ; à l'épanouissement du règne de Louis VI et de son ministre Suger, vers 1130, correspond celui de Louis XIV et de Colbert (1670) ; à la révolte des Pastoureaux, en 1249, correspondent exactement les événements de 1789 ; à l'arrestation et au procès des Templiers, fin 1307-1308, correspond 1848, la fin de la monarchie française promise dans sa malédiction par le Grand Maître Jacques de Molay. En 1328, le roi d'Angleterre Edouard III réclamait la couronne de France, prétention qui allait quelques années plus tard déclencher la guerre de Cent ans ; 540 ans après, en 1868, le gouvernement de Napoléon III dont l'échec de l'expédition du Mexique n'avait pas calmé les ardeurs guerrières, se préparait à déclarer à l'Allemagne une guerre catastrophique. De 1870 à 1945, allaient se succéder les trois guerres, dont deux mondiales, auprès desquelles les plus grandes batailles de la guerre de Cent ans semblent d'innocentes escarmouches.

Les quatre époques de chaque civilisation

Dans l'évolution de tout groupement humain, de toute civilisation, on distingue en principe quatre époques de durées différentes : l'ascension, l'apogée, la décadence, puis une époque de transition préparant un nouveau cycle.

Selon Gaston Georgel l'ensemble de ces quatre époques couvre 540 ans (ou plus exactement sept fois 77 ans, soit 539 ans), c'est-à-dire la durée d'une saison cosmique. Cela ne signifie pas qu'une civilisation naît, vit et meurt en 540 ans. Elle peut durer plusieurs saisons mais, à l'intérieur de chacune de celles-ci, elle flotte au gré des événements et des hommes, soumise à des forces souvent contraires qui l'entraînent tantôt vers le sommet de la vague, tantôt vers le creux — et les mêmes oscillations se reproduisent à époques régulières.

Ainsi notre « cycleur » historique a établi un parallèle entre trois saisons de 540 ans :

— l'Empire romain, depuis 150 av. J.-C. (conquête de l'Afrique et de la Grèce) jusqu'à l'an 400 (partage de l'Empire) ;

— la période barbare, depuis l'an 400 (invasions germaniques en Gaule) jusqu'à 940, fin de l'Empire carolingien ;

— la féodalité, depuis 940, règne de Louis IV prisonnier de ses vassaux, jusqu'à 1480, lutte de Louis XI contre les derniers féodaux qu'il soumet, faisant triompher la monarchie.

Dans chacune de ces trois saisons, G. Georgel s'ingénie à retrouver les mêmes quatre époques :

— préparation et ascension (77 ans)

— organisation et apogée (3 fois 77 ans)

— changement et décadence (2 fois 77 ans)

— transition (77 ans).

C'est une façon assez ingénieuse de ficeler l'Histoire et de la débiter en tranches. On sent un peu l'artifice, surtout dans la troisième saison, la « féodalité ». En effet si, dans les deux premières saisons, nous suivons bien l'ascension et la décadence d'une partie de l'empire romain et de l'empire de Charlemagne, cette troisième saison se termine sans doute par la décadence de la féodalité mais par le triomphe de la royauté, ce qui ne peut en rien se comparer à la chute des deux empires précédents.

Une petite faille dans le système qui n'en demeure pas moins intéressant et qui pourra donner des résultats curieux sinon indiscutables lorsque, dans un avenir sans doute assez proche, on confiera aux ordinateurs le soin d'écrire l'histoire prévisionnelle de l'humanité.

Ce que nous annoncent les « cycles »

Pour en terminer avec la méthode des cycles ou rythmes de Gaston Georgel et conclure sur l'avenir qui nous intéresse, la division en 7 cycles de 77 ans de la dernière saison de l'histoire de France, soit des 540 années qui vont de 1480 à 2020 donne :

Première époque (préparation et ascension), 77 ans, de 1480 à 1557 : de Louis XI à Henri II, établissement de la monarchie absolue — la Renaissance.

Deuxième époque (organisation et apogée), 3 fois 77 ans, de 1557 à 1788 : les guerres de religion — Henri IV puis Louis XIII et Richelieu rétablissent l'ordre — le Grand Siècle : apogée de la France et du Roi Soleil — les Encyclopédistes, les Philosophes — début du déclin de la monarchie absolue.

Troisième époque (changement et décadence), 2 fois 77 ans, de 1788 à 1942 : la Révolution, chute de la royauté — Napoléon, chute de l'empire — Restauration, rechute de la royauté, IIe République, Second Empire, IIIe République — trois guerres dont deux mondiales.

Quatrième époque (transition), 77 ans, de 1942 à 2020 : IVe et Ve Républiques, rétablissement puis dilution de l'autorité, luttes sociales — croissance économique, accélération de la science, anarchie intellectuelle, règne de l'automatisme, de la technocratie, de la surconsommation, de la contestation, négation des valeurs traditionnelles... Transition peut-être mais vers quoi ?

Le verdict des « rythmes de l'histoire » semble rejoindre les sombres visions des prophètes.

Le monde engendré par le feu doit périr par le feu

Dans l'Antiquité, les philosophes stoïciens dont la doctrine enseignée à Athènes par Zénon de Chypre allait conquérir Rome et avoir pour partisans Sénèque, Epictète et l'empereur Marc Aurèle, pensaient que le monde ayant été engendré par le feu devait périr « et dans ses parties et dans son tout » et qu'il serait détruit par ce même feu qui était à son origine.

Il y aurait eu ainsi plusieurs périodes cosmiques au cours de chacune desquelles l'univers tout entier aurait été en feu puis se serait refroidi, permettant aux deux éléments, l'eau et la terre, de se dégager (l'air provenant tout simplement de l'eau évaporée). Le mélange des éléments aurait donné naissance aux plantes et aux animaux. Au bout d'un certain temps, l'air en se raréfiant se convertirait de nouveau en feu, provoquerait un embrasement universel et tout recommencerait. Les stoïciens avaient même calculé la durée de chacune de ces périodes cosmiques : elle devait être de 365 fois 18 000 années.

A l'intérieur de chaque période, tous les phénomènes de la vie s'enchaînaient suivant un ordre à peu près immuable. Reprenant une image du philosophe Héraclite (comme ils empruntaient souvent leur bien à Socrate, Platon, Aristote et à d'autres et s'en faisaient gloire : plus on est de penseurs plus on a de l'idée), reprenant cette image : « Des eaux toujours nouvelles composent des fleuves cependant toujours identiques », ils démontraient que l'évolution des hommes et des sociétés reproduisait indéfiniment « les mêmes phases identiques par anéantissements et retours périodiques ».

Le mot « civilisation » n'est connu que depuis 1752

Ils ne parlaient pas encore de « civilisation » et d'ailleurs on n'allait pas en parler avant de longs siècles. En effet, ce mot « civilisation » qui est sur toutes les lèvres, dans tous les livres, sur toutes les ondes, ce mot qui ne cesse de susciter des études, des rapports, des controverses, qui soulève des passions enthousiastes ou haineuses, qui a déclenché des guerres économiques, idéologiques et qui nous mènera peut-être à une catastrophe finale, ce mot, le croirait-on, est relativement récent. Il est à peu près inconnu jusqu'au milieu du XVIIIe siècle.

Il semble que Turgot ait été un des premiers à l'employer, bien avant d'être ministre. Dans ses *Pensées et Fragments,* on relève cette phrase écrite en 1752 : « Au commencement de la civilisation... » Ce mot ne figure dans le dictionnaire de l'Académie française qu'à partir de l'édition de 1835 et, dit Littré, « n'a été beaucoup employé que par les écrivains modernes quand la pensée publique s'est fixée sur le développement de l'histoire ». Ce même Littré, dans son dictionnaire publié en 1877, donne du terme civilisation cette définition un peu emberlificotée : « ensemble des opinions et des mœurs qui résulte de l'action réciproque des arts industriels, de la religion, des beaux-arts et des sciences ». Le Petit Larousse est plus clair et plus élégant dans sa concision : « ensemble des caractères communs aux sociétés évoluées ». Le Quillet - Flammarion est plus précis : « la civilisation comprend les relations sociales, l'état matériel, intellectuel, moral, la jouissance de la liberté ».

La loi inéluctable de l'évolution des peuples

Pour revenir à l'histoire de la ou des civilisations, le philosophe allemand Oswald Spengler, mort en 1936, auteur du *Déclin de l'Occident,* a démontré qu'une loi à peu près inéluctable commandait les diverses phases de l'évolution des peuples, des sociétés, ceci dans les trois domaines de la vie politique, de la vie spirituelle et de la vie culturelle.

Voici, résumées par M. Ponge-Helmer dans *les Siècles et les jours*, les phases de l'évolution politique d'une civilisation d'après Oswald Spengler :

« Une époque de tribus ou clans ; pas de politique ; pas d'Etat ; la période thinique chez les Egyptiens, Ménès. Vient ensuite une époque féodale, agrarienne, l'époque de la noblesse et du clergé. Puis c'est l'époque urbaine où l'Etat et la société s'organisent, où la bourgeoisie s'élève lentement. Une époque de troubles et de révolutions lui succède. C'est la période 1788-1660 av. Jésus-Christ chez les Egyptiens, la révolution sociale du IVe siècle av. J.-C. chez les Classiques [1], la chute de la dynastie Chou chez les Chinois, la révolution en Amérique, en France et dans tout l'Occident. Nous arrivons alors à la société cosmopolite, à la centralisation des pouvoirs, à l'âge des « masses » et de la démocratie : le siècle des grandes puissances européennes, des guerres mondiales et du colonialisme en Occident.

« Finalement, l'âge du césarisme se dessine. C'est celui de la XVIIIe et de la XIXe dynastie et de Ramsès II chez les Egyptiens ; celui de César, de Tibère et de Trajan ; celui de Wang-Cheng, Hwan-Ti, Wu-Ti, et Ming Ti ; celui du fascisme, du nazisme et du communisme. »

« Cette période de césarisme des régimes totalitaires nationalistes ou progressistes, capitalistes ou marxistes, période dans laquelle nous nous trouvons, est la dernière. Elle annonce en principe la fin imminente. »

Dans le domaine spirituel, Spengler note quatre périodes successives : période mystique et métaphysique (légendes des saints, chansons de geste, cycle du Graal) puis mathématique, rationaliste (Galilée, Descartes, Newton), intellectuelle et critique (Voltaire, Rousseau, Laplace, le mouvement philosophique du XVIIIe siècle) enfin utilitaire et matérialiste (Darwin, Marx, Engels). La dernière période, celle où l'idée, à peine exprimée, est mise en

1. Allusion sans doute à la fois aux rivalités et divisions des républiques grecques auxquelles allait mettre fin l'hégémonie de Philippe de Macédoine (338), puis de son fils Alexandre, et des luttes, à Rome, entre patriciens et plébéiens qui permirent à ces derniers d'obtenir, en 367 av. J.-C., l'égalité politique complète.

pratique (la théorie d'Einstein bouleversant en quelques années la science et la technique) est également le signe du déclin.

Enfin, sur le plan culturel, après les périodes d'art mystique, classique et romantique, de création originale, noble et harmonieuse, de recherche de la beauté parfaite, après la solennité des fêtes religieuses ou royales, vient la dernière période, la même dans toutes les civilisations :

« C'est l'époque des sports et des jeux qui agissent comme stimulants nerveux (gladiateurs chez les Romains). C'est l'époque des modes changeantes et des renouveaux (pluritonalistes et néo-classicistes en musique). Celle des emprunts (architecture américaine ; microtonalistes). Celle du grandiose et du massif (Tour Eiffel, Empire State Building, ponts gigantesques). Celle du prétentieux et de l'existence sans forme (cubisme, surréalisme). Celle de l'artificiel et des prétendues découvertes dans tous les domaines. Celle, en un mot, de la décadence et de la mort. Cette période est-elle la nôtre ? »

Les trois guerres de la fin

Spengler, rappelons-le, est mort en 1936. Deux ans auparavant, en 1934, il avait prédit la seconde guerre mondiale puis celle qui suivrait et qui serait la dernière de notre temps. Selon ses observations, la fin de toute civilisation importante est signalée par trois grandes guerres. Il citait par exemple les trois guerres puniques qui, à son avis, marquaient à la fois le point culminant de la puissance romaine et le commencement de la décadence.

Pour notre civilisation, la première de ces trois guerres est celle de 1914-1918. « Comme, disait Spengler, la même génération ne peut pas entreprendre avec succès deux guerres successives et comme il faut compter 25 ans pour faire une génération, la deuxième guerre mondiale commencera en 1939. Elle non plus n'apportera pas de solution définitive et c'est naturel parce qu'il faut attendre la troisième guerre. Alors seulement il y aura une solution. Je prévois cette guerre pour 1964. »

Il faut reconnaître qu'en 1934 Spengler avait prévu avec une étonnante précision la guerre de 1939. Il s'était trompé pour 1964 parce qu'il s'était laissé entraîner par son calcul des générations. Mais reportons-nous au calendrier de Gaston Georgel : la fin de la troisième guerre punique, 146 av. J.-C., correspond à l'an 2014 de notre calendrier. La première guerre punique s'était terminée en 241 av. J.-C. ; 2 160 ans plus tard c'était 1919, le traité de Versailles qui mettait fin à la première guerre mondiale. La deuxième guerre punique devait commencer en 219 av. J.-C., 2 160 années plus tard c'est 1941, Pearl Harbor, la déclaration de guerre des Etats-Unis au Japon suivie de la déclaration de guerre de l'Allemagne et de l'Italie aux Etats-Unis : le processus de la deuxième guerre mondiale était définitivement engagé.

La concordance se vérifiant pour les deux premières guerres mondiales, pourquoi ne se vérifierait-elle pas pour une éventuelle troisième et dernière ? Faisons l'addition : 1939 + 75 = 2014. Spengler n'avait compté qu'une génération au lieu de trois. Si l'échéance doit se produire réellement en 2014, l'histoire qui nous entraîne dans son engrenage infernal aura, au moins pour une fois, été plus clémente que le philosophe calculateur, elle aura laissé à l'humanité deux générations de répit.

10.

Menaces du Cosmos

Si les cycles de l'histoire entraînent notre civilisation vers une fin qui n'est pas forcément un anéantissement total mais qui peut être, si nous en croyons le *Calendrier des Rythmes,* unc période de transition ouvrant sur une ère nouvelle, d'autres menaces plus directes nous entourent. Les unes viennent du ciel, les autres de la terre elle-même.

Les menaces célestes ne sont pas ces foudres divines que brandissent à l'envi les prêtres et prophètes des diverses religions, elles sont plus réelles, plus redoutables et cependant tout aussi incertaines.

Sommes-nous à la merci d'une collision dans l'espace ?

Réelles parce qu'il s'agit de la rencontre de notre planète avec une comète ou tout autre astéroïde itinérant qui, de façon imprévue et brutale, viendrait couper notre route. Incertaines parce que, pour l'instant, rien dans le mouvement des astres qui forment notre galaxie, ne permet d'envisager l'éventualité prochaine d'une telle collision.

Si pourtant elle se produisait, suivant le point d'impact et la violence du choc, ou bien la Terre exploserait, se disperserait dans l'espace en une poussière de petites terres sur lesquelles la chaleur brusquement dégagée aurait supprimé toute vie. Ou bien elle se trouverait déplacée sur son orbite, peut-être redressée, remise dans la position « verticale » qu'elle aurait occupée il y a quelques millénaires, à l'époque du paradis terrestre.

Mais ce redressement, avant de rétablir sur toute la surface du globe le climat unique, idéal, de l'ancien jardin d'Eden, provoquerait, par le mouvement de bascule infligé aux océans et par la fonte brutale des banquises de l'Arctique et de l'Antarctique, un horrifique ensemble de raz de marée géants, d'éruptions volcaniques continentales ou sous-marines, de séismes, de typhons, inondations, débordements de laves ou d'eaux brûlantes et autres bouleversements d'Apocalypse auquel aucun animal ou végétal ne résisterait.

Pluie d'astéroïdes ou rapprochement de la Lune

La collision pourrait être remplacée par une pluie d'astéroïdes s'abattant en même temps sur les différents continents terrestres et faisant l'effet d'autant d'explosions de bombes nucléaires qui étendraient leurs ravages de proche en proche.

Ou bien ce pourrait être tout simplement la Lune qui, déviée de sa trajectoire pour une raison inconnue, se rapprocherait de la Terre — comme on pense qu'elle-même ou une de ses semblables le fit déjà — et provoquerait une brusque montée des marées, la diminution de la gravitation et sans doute un nouveau Déluge.

Les incidents de parcours propres à rompre la monotonie de notre avenir ne manquent pas. Mais, dans ce domaine, ni les spécialistes de l'étude du cosmos, ni les prophètes ou les sibylles n'ont répondu à la triple question : Où ? Quand ? Comment ?

De l'ordure sur le « flambeau de l'univers »

Dès les premiers âges, le Soleil fut vénéré par les hommes comme l'astre-dieu maître du monde, source de lumière et de vie, symbole du feu purifiant et bienfaisant. Le Soleil était l'étoile des étoiles, l'astre parfait. Aussi lorsqu'en 1610, Galilée prétendit avoir aperçu à sa surface des taches qui affaiblissaient par endroits son éclat, cette découverte intéressa quelques savants mais indigna bien des âmes pieuses. Lorsque, quelques années plus tard, un jésuite allemand épris d'astronomie, le père Scheiner, vérifia l'existence de ces taches solaires, les étudia et les décrivit dans une série de lettres qui furent publiées, un lecteur bien-pensant répondit par un pamphlet stigmatisant cette volonté malsaine d'imposer « de l'ordure à l'œil du monde, lequel Dieu a établi pour être le flambeau de l'univers ».

Au début du XIXe siècle, un astronome amateur nommé Schwabe consacra 25 ans de sa vie à observer le Soleil en espérant voir passer devant celui-ci une planète inconnue qu'il soupçonnait être un satellite de Mercure. Il ne découvrit pas la planète en question mais, en comptant chaque jour les taches solaires, il remarqua que leur nombre et leurs dimensions variaient de façon régulière au cours d'une période de 6 à 11 ans. On devait bientôt vérifier l'existence d'un cycle solaire de 11 ans correspondant en quelque sorte à des poussées de fièvre ou à des périodes de calme qui se manifestent par l'augmentation ou la diminution des taches et entraînent une modification des radiations émises par le Soleil.

Cycles solaires et révolutions humaines

Dès 1859, on constata qu'il existait une relation étroite entre les fluctuations du champ magnétique terrestre et l'activité des taches solaires. Il y a une cinquantaine d'années, l'abbé Moreux découvrit une autre relation entre l'apparition de certaines taches ou protubérances solaires et des phénomènes terrestres comme les éruptions volcaniques, les tremblements de terre.

Soit par observation directe, soit par calcul rétrospectif on a pu définir les années où les taches solaires se sont révélées les plus nombreuses : 1789, 1830, 1848, 1870, 1905, 1917 [1]. Elles correspondent à des périodes tourmentées de l'histoire de notre monde occidental. Outre les révolutions françaises, les trois premières dates rappellent : 1789, la guerre russo-turque, les révoltes de Styrie, de Carniole et de Belgique, la prise de Belgrade par les Autrichiens — 1830, début de la conquête de l'Algérie, indépendance de la Grèce et de la Belgique, révolutions à Varsovie et en Suisse — 1848, révolution en Sicile, émeutes à Milan, Vienne, Berlin, révoltes en Chine

1. *La Nouvelle Astronomie,* publiée sous la direction de Claude Pecker, Hachette.

et à Ceylan, les Autrichiens chassés de Milan et de Venise, répression des révoltes de Bohême et de Hongrie, etc.

Les autres dates sont également très « parlantes » : 1870, guerre franco-allemande, défaite de Sedan, déchéance de l'Empire et proclamation de la IIIe République, siège de Paris, prélude à la Commune — 1905, le « dimanche rouge » de Saint-Pétersbourg, la mutinerie du *Potemkine,* la guerre russo-japonaise — 1917, la Grande Guerre, la révolution d'Octobre en Russie, etc.

Un certain nombre de convulsions de l'humanité semblent donc liées à l'évolution des taches solaires. Celles-ci influent également de façon directe sur notre organisme. Depuis quelques années, on a relevé une tendance plus grande des infarctus du myocarde aux époques où les taches solaires se multiplient. Le magnétisme terrestre se trouve alors modifié et par là même l'équilibre des influx électriques qui régissent le fonctionnement de notre organisme. Or l'infarctus du myocarde serait dû particulièrement, pensent les spécialistes, à des variations de tension électrique dans les vaisseaux sanguins favorisant la formation de caillots qui bloquent la circulation.

Ajoutons à cela les explosions qui se produisent à intervalles plus ou moins réguliers à la surface du Soleil et envoient sur la Terre des faisceaux brusquement amplifiés de rayonnement qui provoquent des tempêtes magnétiques, perturbent les communications radio-électriques et téléphoniques, et peuvent même dans certains cas agir sur la vitesse de rotation de la Terre.

Un équilibre délicat

En résumé, nous dépendons singulièrement du Soleil et de l'équilibre délicat qui s'est établi entre notre globe et l'astre central de notre système planétaire, principe vivifiant de tous les êtres organisés. Nous sommes à la merci du moindre accident cosmique qui viendrait modifier cet équilibre : que la température du Soleil — environ 6 500 degrés — s'élève de quelques degrés, que les explosions des orages solaires se multiplient, notre planète sera bientôt entièrement desséchée, ravagée par les incendies, la famine, les épidémies. En même temps les glaces polaires en fondant déclencheront un nouveau Déluge. Le feu et l'eau se conjugueront pour tout détruire.

Inversement, si cette température venait à baisser, ce serait immédiatement une nouvelle période glaciaire qui, elle aussi interromprait toute vie.

Des études ont été faites au Groenland par des savants américains et danois qui ont effectué des sondages dans la calotte glaciaire jusqu'à une profondeur de près de 150 mètres. En prélevant des échantillons de glace d'époques successives, ils ont pu établir une courbe de l'évolution des températures dans cette région sur une période de près de cent mille ans. Ils ont vérifié l'existence de cycles — correspondant peut-être aux « cycles de l'histoire » — de 120, 940 et même 13 000 ans, au cours desquels se reproduisent à peu près régulièrement les mêmes types de climat avec des passages brusques de périodes chaudes ou tempérées à des périodes de froid « inhumain ». Ces passages peuvent s'opérer avec une soudaineté terrifiante. A la dernière période glaciaire, à la fin du pléistocène, ce que l'on appelle habituellement l'« âge du renne », le froid s'abattit avec une telle rapidité sur toute l'Europe, la Sibérie, l'Amérique du Nord que, parmi les centaines de milliers de mammouths qui périrent alors, beaucoup ont été retrouvés debout. Il semble qu'ils aient été pris par des tempêtes de neige et immobilisés sur place, enveloppés instantanément par une masse de neige qui les a paralysés puis s'est solidifiée, les immobilisant définitivement, les congelant sans qu'ils aient pu même tenter de se dégager. Dans l'estomac de certains de ces animaux on a retrouvé des débris de plantes qui n'avaient pas été digérés ; d'autres avaient été surpris par cette congélation alors qu'ils mâchaient de l'herbe qui est restée presque intacte entre leurs dents. Cela donne une idée du caractère à la fois brutal et instantané de la catastrophe que peut nous ménager la moindre défaillance du Soleil.

Nous vivons sur une coquille d'œuf

Si, des menaces célestes, nous passons à celles que nous réserve la Terre, le bilan n'est pas plus rassurant.

Le sol sur lequel nous marchons ou roulons, sur lequel nous édifions nos monuments, nos usines, nos villes, ce sol qui supporte le poids de tout le monde animal et végétal, de tout ce que l'humanité a construit ou entassé depuis son origine, et qui supporte sinon le poids du ciel du moins la pression de l'atmosphère, ce sol dont nous apprécions à chaque instant la stabilité et la solidité, est en réalité une frêle coquille d'œuf toute fendillée qui menace à chaque instant de s'effondrer sous nos pieds.

Notre terre nourricière, terre de nos aïeux, terre sacrée de la patrie, terre sainte ou terre promise sur laquelle nous venons au monde, qui nous fournit ses biens et qui nous recevra au terme de notre existence terrestre, n'est qu'une vulgaire croûte d'une soixantaine de kilomètres d'épaisseur flottant sur un magma visqueux de roches fondues de 1 400 à 1 800 kilomètres d'épaisseur entourant lui-même un noyau central de plus de 4 500 kilomètres de rayon. Cette croûte légère représente à peine la centième partie du rayon de la planète, autrement dit elle est encore moins épaisse que la coquille d'un œuf par rapport à celui-ci. Elle est sillonnée de fissures appelées plus noblement lignes de fractures qui correspondent à peu près aux zones volcaniques : 600 volcans toujours en activité, 10 000 éteints — ou que l'on suppose tels comme celui de la Montagne Pelée à la Martinique qui ne s'était jamais manifesté de mémoire d'homme. Mais le 8 mai 1902, au matin, il y eut une formidable explosion et le volcan vomit une « nuée ardente » de cendres et de pierres à demi en fusion qui, à une vitesse de plusieurs centaines de kilomètres à l'heure, dévala vers la ville de Saint-Pierre, l'atteignit en moins de deux minutes et l'anéantit avec ses 30 000 habitants.

Recrudescence des tremblements de terre

Ces volcans sont disposés suivant deux « cercles de feu » qui entourent l'un le Pacifique, l'autre la Méditerranée, et plusieurs lignes qui traversent le même Pacifique, l'Atlantique, l'Afrique, la Californie et l'Océan Indien — entre autres la ligne du 36e degré qui fait le tour du globe.

A la fin du siècle dernier, en 1883, l'île Krakatoa, dans l'archipel de la Sonde, fit littéralement explosion à la suite de l'éruption du volcan qui occupait sa partie centrale et que l'on croyait définitivement endormi sous une végétation luxuriante. Les deux tiers de l'île furent détruits et le raz de marée qui suivit tua 40 000 personnes dans les îles voisines. Les cendres provoquées par cette éruption restèrent plusieurs années en suspension dans l'atmosphère, furent promenées par les vents et leur présence fut signalée au-dessus de Paris par les plus beaux couchers de soleil jamais vus.

En Italie, le Vésuve, après l'éruption historique de l'an 79 qui engloutit Herculanum et Pompéi, s'est encore manifesté en 472, en 1631, 1754 (détruisant la ville de Torre del Greco), en 1832, 1872, 1906, 1924 et 1944. L'Etna, en 1669, détruisit cinquante villes, trois cents villages et fit plus de 100 000 victimes. Son éruption de 1928 fut moins catastrophique, mais que sera la prochaine ?

C'est le Japon qui détient le record avec le plus actif de ses volcans, l'Asama, qui a eu 66 éruptions de 685 à 1900 et a « explosé » plus de 2 000 fois depuis 1900. Au Japon également appartient le record des tremblements de terre : 257 séismes y ont été enregistrés entre 1895 et 1905. En 1891, l'île de Hondo fut coupée dans toute sa largeur par une crevasse de 160 kilomètres de long. En 1923, le tremblement de terre de Tokyo et de Yokohama fit 143 000 morts, plus de 100 000 blessés et près de 600 000 maisons furent entièrement détruites. Or, depuis 1960, les stations d'observation japonaises notent une recrudescence inquiétante des secousses telluriques.

Le même phénomène s'est produit dans d'autres régions

du globe. Depuis 1960, 50 000 personnes ont été tuées en Iran par des tremblements de terre, en 1960 également on comptait 12 000 victimes à Agadir et près de 6 000 au Chili ; en 1970, 1 000 en Turquie et 54 000 au Pérou. Au cours de la seule année 1965, la Terre a tremblé plus de 2 000 fois en Suisse. Il s'agit bien sûr, dans ce dernier cas, de micro-séismes dont la France, elle non plus, n'est pas exempte. Mais qui peut prévoir le jour où l'insignifiant micro-séisme deviendra une catastrophique « grande secousse » ?

Nos continents doivent périr

Au temps de Néron, Sénèque annonçait déjà les bouleversements qui allaient mettre fin à l'empire romain ou à ceux qui lui succéderaient : « Le pôle Sud écrasera dans sa chute toutes les régions d'Afrique et le pôle Nord couvrira toutes les contrées situées au-dessous de son axe. » Sénèque se donna la mort en l'an 65 de notre ère, 14 ans plus tard, le Vésuve faisait disparaître sous un amoncellement de cendres ardentes Herculanum et Pompéi. Ce n'était qu'un avant-goût de la destinée que les forces mystérieuses emprisonnées au cœur de la planète réservent peut-être à l'insignifiante écorce qui les enveloppe et à ceux qui la peuplent.

Dans son livre *la Danse sur le Volcan* publié en 1938 [1], Georges Barbarin citait des témoignages de commentateurs ésotériques : « Les continents périssent tour à tour par le feu et par l'eau : soit par des tremblements de terre

1. Edition Adyar.

et des éruptions volcaniques, soit par suite d'un affaissement et d'un grand déplacement des eaux. Nos continents doivent périr par le premier de ces deux genres de cataclysmes. Les incessants tremblements de terre des 50 dernières années peuvent être considérés comme un avertissement. »

Depuis 1938, l'avertissement a pris l'allure d'un commencement de réalisation et bien des commentateurs, agitant des versets de l'Apocalypse, proclament que les temps sont proches où Dieu, pour punir les hommes, déchaînera sur eux toutes les fureurs des éléments et principalement le feu divin qui réduira l'humanité en cendres.

Comme si ces marmites bouillonnantes que sont les volcans en activité attendaient les ordres d'un Eternel mécontent pour cracher leurs laves ou leurs nuées enflammées ! Ou comme si notre ridicule petite écorce terrestre avait besoin de sollicitations divines pour se plisser et se craqueler sous l'effet d'une chaleur intérieure de plus de 6 000 degrés !

Une fin certaine à longue échéance, possible à bref délai

Parmi bien d'autres, René Clairfeu, dans son livre *L'heure va-t-elle sonner ?* publié en 1939 (Pierre Téqui), affirmait que, du point de vue scientifique, la fin de l'humanité était certaine à longue échéance, possible à bref délai :

« A longue échéance, les causes en sont multiples. Il y a d'abord le refroidissement inéluctable du Soleil, entraînant celui de la Terre jusqu'à l'impossibilité d'y vivre, même à l'équateur. Le même résultat serait obtenu par la rencontre d'une nébuleuse obscure faite de poussière ou de gaz dilués, qui nous priverait pendant des années, ou même des dizaines d'années, de la traversée d'une partie du rayonnement solaire.

« Il y a encore la diminution progressive de l'acide carbonique dans l'atmosphère entraînant la disparition des végétaux lorsque la proportion sera descendue aux trois cinquièmes de ce qu'elle est actuellement [1].

« Il y a le nivellement progressif des continents qui serait réalisé dans sept millions d'années et ferait monter le niveau de la mer de plusieurs centaines de mètres, étendant catastrophiquement le rayon d'action des marées.

« Il y a enfin l'augmentation lente de la masse de la terre par la chute des aérolithes ou météorites, d'où résulte un rapprochement continu de la Lune. Or, lorsque la Lune sera seulement quatre fois plus près de nous qu'elle n'est aujourd'hui, l'amplitude des marées atteindra jusqu'à six cents mètres de dénivellation, et tous les volcans ressusciteront par l'effet des marées internes des éléments qui bouillonnent sous la frêle et mince écorce du globe.

« Sans parler d'autres considérations telles que l'augmen-

1. En réalité, on note actuellement une augmentation constante de la quantité de gaz carbonique provenant entre autres des combustions industrielles et du dessèchement des marécages. Ce gaz répandu dans l'atmosphère provoque un effet de « serre » et entraîne un réchauffement susceptible de bouleverser le climat de la planète. D'autre part la masse des poussières rejetées par les villes et les installations polluantes forme écran aux rayons solaires d'où abaissement de la température qui pourrait se traduire par l'apparition d'une nouvelle période glaciaire. Ces deux tendances parviendront-elles à s'équilibrer, ou bien l'une l'emportera-t-elle ? Nul ne peut encore le prévoir.

tation continue de la durée du jour (et de la nuit naturellement), provenant du ralentissement de la rotation de la terre (il s'agit environ d'une minute par millénaire). »

Plus récemment, dans son *Livre des Prophéties*[1], Josiane Charpentier a écrit : « Des fléaux de toutes sortes s'abattront sur le monde car il est naturel, obligatoire que tout ce qui est soit détruit, afin de préparer la voie à ce qui doit venir. Dans l'avenir proche, il y aura de nombreuses et violentes secousses sismiques ; à travers le monde, des volcans éteints redeviendront actifs, tandis que les raz de marée et les cyclones causeront d'énormes destructions.

« Le bassin méditerranéen, avec sa ceinture volcanique sera un des premiers atteints. Puis le Japon s'cnfoncera lentement et totalement dans la mer.

« Et avant trois siècles, l'Angleterre aura disparu également dans les flots, mais il s'agira là d'un effondrement soudain ; dc même les trois départements formant la pointe de la Bretagne seront emportés dans le tourbillon de l'Angleterre.

« Un peu avant que cela n'arrive, les vestiges de l'Atlantique auront resurgi dans la mer des Açores.

« On prédit qu'une catastrophe sans précédent depuis l'Atlantide décimera une partie de la Terre, que celle-ci se fendra, qu'un raz de marée extraordinaire submergera les pays entiers et, qu'après un appel de l'eau vers l'air, une trombe géante retomberait sur la terre, emportant tout sur son passage.

« Mais ceci n'arrivera vraisemblablement qu'au moment

1. Bibliothèque Marabout.

de la fonte des glaces du pôle Sud... dans 2 000 ans environ. »

Nous avons donc le temps d'y penser. Mais il y a dans l'immédiat des menaces encore plus graves.

II.

Ce progrès qui nous tue

Il existe, cet Antéchrist annoncé par les prophètes, ce démon, ce Satan qui prépare méticuleusement l'extermination de l'humanité : c'est l'homme lui-même, l'homme si fier de son intelligence, de sa science, de sa subtilité, l'homme qui se déclare l'Etre supérieur par excellence, le fin du fin de la création, le maître incontesté de la nature et qui, monté sur les grands chevaux de sa suffisance et de sa raison raisonneuse, galope superbement vers le désastre et la dérision.

Au IVe siècle av. J.-C. Aristote proposait l'alternative : « L'homme est dieu ou bête. » Deux mille ans plus tard, alors que la Renaissance arrachant l'humanité à l'« obscurantisme du Moyen Age », venait d'ouvrir la voie à la science moderne, Blaise Pascal, n'optant ni pour dieu ni pour la bête, affirmait la prédominance intellectuelle de l'homme, ce « roseau pensant ». Vers 1836, l'écrivain anglais Thomas Carlyle s'arrêtait au deuxième terme de la proposition d'Aristote et écrivait tout bêtement : « L'homme est un bipède omnivore qui porte des culottes. »

Ce que nous voyons aujourd'hui et surtout ce que nous prévoyons pour demain, nous fait oublier Pascal et approuver Carlyle. Sa définition simplette, une fois mise à l'imparfait, sera peut-être tout ce qui restera dans quelques millénaires de notre humanité si celle-ci continue de progresser dans la voie où elle s'est engagée.

Et pourtant quelles promesses apportait l'intelligence humaine et quelles réalisations prodigieuses elle a permises !

L'évolution de l'humanité sur le plan de la science et de la technique suit à peu près la courbe des vitesses des moyens de transport utilisés par l'homme. Il y a cinq mille ans, les Egyptiens se déplaçaient à la vitesse du chameau, à environ 13 kilomètres à l'heure. Vers 1500 av. J.-C., le char attelé de deux ou quatre chevaux et des routes ou pistes aménagées permettaient d'atteindre 30 kilomètres/heure. Au XVIIe siècle, la malle-poste couvrait en moyenne 12 kilomètres dans l'heure et n'atteignait qu'exceptionnellement 16 kilomètres/heure. En 1825, la première locomotive à vapeur roulait à 20 à l'heure ; en 1853, une de ses sœurs montait à 100 à l'heure et, en 1893, le record s'établissait aux alentours de 132 kilomètres/heure. En 1900, la première automobile à son tour atteignait le 100 à l'heure. En 1913, un avion Deperdussin piloté par Prévost dépassait pour la première fois le 200 à l'heure ; en 1920, un Nieuport 29 piloté par Sadi Lecointe dépassait les 300 kilomètres/heure ; onze ans plus tard, en 1931, un hydravion américain atteignait 655 kilomètres/heure. En 1947, un avion à réaction Lockeed dépassait les 1 000 kilomètres/heure ; en 1965, un autre Lockeed volait à 3 331 kilomètres/heure ; deux ans plus tard, le North American X 15, avion à fusée atteignait 7 297 kilomètres/heure et, dans l'espace, des satellites tournent autour de la Terre à plus de 28 000 kilomètres/heure.

Ainsi il a fallu à l'homme près de 7 000 ans pour passer

de 13 à 100 kilomètres/heure et à peine plus d'un siècle pour passer de 100 à 28 000 kilomètres/heure.

L'ensemble de ses connaissances, de ses découvertes et de leurs applications pratiques, ce développement général des moyens de communication, de transmission, d'exploitation de l'énergie, de production, de guérison, etc. que l'on nomme Progrès a fait le même bond prodigieux en avant.

*Où est la sagesse de l'*homo sapiens *?*

Mais le progrès n'est pas seulement une évolution intellectuelle et technique, il doit être aussi et surtout une évolution morale... et c'est ce qui semble manquer le plus à notre civilisation.

Sinon, comment est-il concevable que, depuis des siècles, l'homme se soit ingénié à dégrader, à piller, à massacrer cette nature qui l'entoure, le protège et assure son existence ?

Plus de trente mille espèces de mammifères, dix-sept mille espèces d'oiseaux, six mille espèces de reptiles et de batraciens vivent sur notre planète où elles existaient bien avant l'apparition de l'homme. Ces animaux savent profiter de toutes les ressources que leur procure la terre, ils en usent suivant leurs besoins, n'en abusent jamais, certains même aident la nature (les oiseaux par exemple en collaborant à la dispersion de certaines semences), aucun n'a jamais entrepris de la détruire. Seul le dernier venu, le représentant de la trente millième espèce de mammifères a eu cette audace et cette inconscience.

A peine émergé de la masse indistincte des primates

qui peuplaient la terre il y a quelque deux millions d'années, à peine passé de l'état de quadrupède à celui d'*homo erectus* se dressant sur ses pattes pour observer les environs comme un lapin aux aguets, il a déclaré la guerre aux autres espèces pour se nourrir de leur chair et se vêtir de leur peau. Peut-être d'ailleurs certains de ces animaux le menaçaient-ils : en tout cas, au début, il ne s'est attaqué qu'aux plus faibles et ce n'est que peu à peu qu'il s'est enhardi à chasser les plus gros — qui fournissaient une nourriture plus abondante et une fourrure plus confortable.

Puis il est devenu l'*homo sapiens,* comme l'ont appelé les paléontologistes dont on se demande parfois si ce sont des plaisantins ou des innocents : homo sapiens, l'« homme sage » — cela peut signifier aussi « l'homme qui sait ». Mais où est sa sagesse, où est sa science ?

A peine mis en possession de quelques grammes supplémentaires de matière grise, notre homo toujours erectus, se sentant devenir sage ou savant, ou les deux en même temps, a découvert le feu et, non content de se réchauffer lui-même ou de faire cuire sa nourriture, il a commencé à provoquer des incendies de forêt afin de dégager l'entrée de sa tanière et de libérer quelques arpents de terrain qu'il allait pouvoir cultiver. Encouragé par ses premiers essais, il a continué de plus belle, fier de gagner à chaque saison quelques nouvelles parcelles arrachées à la sauvagerie environnante, s'admirant d'accéder à l'état *d'homo faber,* capable de fabriquer des outils de plus en plus perfectionnés qui multipliaient sa puissance.

La manie de détruire

Il constatait qu'il avait une étonnante supériorité sur les animaux : il pouvait transformer, modeler la nature, la refaire à son gré, jouer au dieu créateur dans son petit jardin d'Eden. Il s'apercevait peu à peu qu'il éprouvait autant de joie à posséder, à contenter ses désirs qu'à satisfaire ses besoins. Il allait vite apprendre la vanité, le culte de l'inutile et se persuader que c'était là la marque de son génie.

Il rêvait d'étendre ses « terres », il déboisait, défrichait avec ardeur. Avant même que son intelligence encore mal dégrossie lui eût permis de s'attaquer aux problèmes de la connaissance, avant de savoir comment le monde était fait, il s'était déjà échiné à le défaire. Et ce n'était qu'un commencement.

En abattant des arbres, en détruisant des forêts, l'homme a détruit un des principaux éléments régulateurs des climats, de la végétation, de la vie elle-même. Après une forte pluie, un mètre carré de la mousse qui tapisse une forêt retient environ un kilo d'eau. Sur une surface de dix hectares, arbres et mousse retiennent environ cinq cents mètres cubes d'eau. Supprimez la forêt, toute cette eau va ruisseler sur le sol, entraîner la terre et les pousses fragiles ; en quelques années une région fertile devient « chauve ». Le désert de Rajputana, aux Indes, était autrefois une contrée florissante où vivait une population nombreuse. Les arbres ont été abattus, la terre arable enlevée par les eaux, le reste s'est desséché sous le soleil, a été réduit en poussière, un territoire plus grand que la France est devenu désertique. Le Sahara lui aussi était une région prospère, un des greniers de l'Antiquité. Des bouleversements géologiques l'ont en partie privé d'eau, le déboisement a fait le reste.

Dans son livre *L'homme et la nature,* Edouard Bonnefous cite le cas du Fleuve Jaune, en Chine, dont les crues catastrophiques sont dues à l'érosion : « L'anéantissement de forêts dans le nord-ouest de la Chine a provoqué l'arrachage de milliers de tonnes de terre que le puissant Fleuve Jaune transporte grâce à sa force (parfois près de 500 kilogrammes d'éléments fins par mètre cube) et qu'il dépose sur son passage dès son arrivée dans la grande plaine du nord, si bien que le cours d'eau coule sur un véritable remblai au-dessus de 150 000 kilomètres carrés de plaine. Les digues construites sur chacune des rives sont incapables de contenir les plus grosses crues et une rupture en un point quelconque déclenche la catastrophe. Aujourd'hui d'immenses barrages sont construits, mais ceux-ci sont inéluctablement comblés peu à peu par les sédiments et surtout de vastes régions restent ravinées. »

Au Moyen Age, les neuf dixièmes de l'Europe étaient encore couverts de forêts. Celles-ci ont été réduites de plus des deux tiers. Dans la plupart des cas, elles ont été remplacées par des cultures bocagères qui limitent les risques d'érosion, mais la Grèce, l'Espagne et plusieurs autres régions méditerranéennes ont été ruinées par le déboisement. Et nos contrées sont de plus en plus menacées par la monoculture industrielle qui, pour sacrifier au dieu Rendement, « remembrent », nivellent et préparent activement les déserts de demain.

Déjà, il y a 2 200 ans...

Déjà Platon, il y a 2 200 ans, déplorait la disparition des arbres qui couronnaient les collines de l'Attique. « L'ensemble des pluies de l'année n'était pas perdu, comme il l'est de nos jours où on laisse l'eau s'écouler le long des surfaces dénudées jusqu'à la mer. L'eau était reçue dans toute son abondance dans le sein du sol où elle était accueillie par l'argile imperméable qui pouvait libérer l'écoulement depuis les hauteurs sous forme de sources et de rivières au cours abondant et largement réparti. »

Les hommes savaient à quoi ils s'exposaient et exposaient leurs descendants. Ils n'en ont jamais tenu compte. Partout en Afrique, au Japon, en Amérique, on n'a cessé de déboiser, provoquant des inondations catastrophiques.

Quand l'homme, oubliant momentanément de détruire, prend des mesures d'assainissement ou d'aménagement, il n'est guère plus heureux.

Il semble a priori utile d'assécher les marais, ces étendues d'eau stagnante, de terrains boueux où pourrissent toutes sortes de plantes et où prolifèrent des insectes propagateurs d'épidémies. Des statues ont été élevées aux grands hommes qui, dans tous les pays, ont fait disparaître ces foyers de pollution. Or on a constaté que les marais constituaient des réserves considérables de matières organiques, véritables engrais naturels qui se répandent sur les régions avoisinantes aux périodes de montée des eaux. Ils rendent ainsi au sol les éléments fertilisants que l'érosion lui a enlevés. En outre, les marais absorbent une partie des eaux de pluie et assurent le rôle de régulateurs, relayant ainsi les forêts défaillantes — et pour cause.

Les crues de l'Arno comme celle qui a dévasté Florence en 1966, ont pour origine à la fois le déboisement intense qui, depuis plusieurs siècles, a dépouillé l'Italie d'une grande partie de ses forêts, et l'assèchement des marais de Toscane.

Dans le monde entier, les écologistes se demandent s'il ne conviendrait pas, non seulement de reboiser mais encore de rétablir les marais « visqueux et empestés » du bon vieux temps. Mais n'est-il pas trop tard ?

Barrages et tremblements de terre

Pour essayer de régulariser le cours des fleuves ou des torrents, pour emmagasiner l'eau à la saison où elle est abondante afin de la rendre à la terre aux périodes de sécheresse, l'homme a eu, il y a longtemps déjà, l'idée d'élever des digues et des barrages. En des temps plus récents, son génie inventif lui a fait découvrir qu'il pouvait de plus exploiter l'énergie fournie par l'eau ainsi accumulée, ce qui doublait l'intérêt des barrages et leur rentabilité. Mais un bien ne va jamais sans mal : il se trouve que les masses d'eau retenues par les barrages exercent une telle pression sur certains points de l'écorce terrestre qu'elles rompent l'équilibre géologique. Des secousses sismiques ont été observées à la suite de la mise en service de barrages qui font l'orgueil des architectes, aux Indes, en Rhodésie, dans le Colorado et même dans les Alpes françaises.

On constate également, par exemple en Provence, de nettes modifications des micro-climats locaux, dues à l'évaporation des lacs de retenue des grands barrages. Ces modifications peuvent ruiner des cultures spécialisées ne supportant pas un excès d'humidité. En outre l'afflux des eaux de ruissellement peut entraîner, dans des régions particulièrement érodées, de dangereux glissements de terrain.

Assouan, la huitième merveille du monde

Le plus beau résultat est celui obtenu par le barrage d'Assouan, la « huitième merveille du monde ». Cet ouvrage monumental était destiné à régulariser le cours du Nil et à augmenter de trente pour cent la surface cultivable de l'Egypte. Malheureusement le lac Nasser, gigantesque lac artificiel de 500 kilomètres de long, formé par ce barrage, retient les limons que, depuis des milliers d'années, le Nil déversait le long de sa vallée et qui avaient fait de l'Egypte un pays privilégié, le berceau d'une des plus vieilles civilisations du monde connu. Aujourd'hui, la basse vallée du Nil ne reçoit plus ces limons bienfaisants, les champs doivent être saupoudrés ou arrosés d'engrais chimiques fabriqués dans des usines alimentées-par-le-courant-fourni-par-le-barrage. Ainsi plus de cinq milliards de francs auront été dépensés, 36 000 ingénieurs et ouvriers auront travaillé jour et nuit pendant 11 ans, plus de 50 000 habitants auront été évacués des villages recouverts par le lac Nasser, tous les pays du monde se seront cotisés pour sauver les temples d'Abou Simbel et de l'île de Philae qui, sinon, auraient été engloutis par les eaux... tout cela pour remplacer le limon naturel qui depuis l'origine des temps fertilisait l'Egypte par de l'engrais artificiel, source de pollution chimique.

En outre le barrage a fait disparaître des eaux littorales de la Méditerranée, au voisinage du delta, le poisson qui se nourrissait de ce même limon. La pêche sardinière égyptienne a été totalement ruinée.

Et ce ne serait rien encore si la « huitième merveille » n'avait pas contribué à provoquer une recrudescence d'une des plus terribles maladies qui ravage le monde et cause chaque année plus d'une centaine de millions de victimes : la bilharziose.

Elle est causée par un ver parasite qui se développe dans l'organisme humain, de préférence dans les veines, et dont les larves pénètrent à travers la peau lorsque l'on marche pieds nus dans l'eau ou sur des terrains marécageux, principalement dans les pays chauds. Ces larves se développent, donnent des vers plats dont la longueur peut atteindre deux centimètres et qui causent des troubles graves dans les organes où ils se logent. Les œufs qu'ils pondent dans le foie sont armés d'une pointe aiguë qui détermine des lésions partout où le sang les entraîne. Cette maladie existait en Egypte depuis le temps des pharaons. Le système d'irrigation qui répand sur 800 000 hectares de terres nouvelles les eaux du barrage d'Assouan a permis aux bilharzies de se répandre de façon vertigineuse. Désormais plus des deux tiers de la population de la basse Egypte sont atteints, certains villages sont totalement infectés. « L'espérance de vie des femmes est de 27 ans, celle des hommes de 25 ans. La cadence à laquelle les œufs sont pondus est fantastique », écrit Gordon Rattray Taylor [1].

Le coût de la seule lutte contre cette épidémie risque

1. *Le Jugement dernier*, Calmann-Lévy.

d'absorber la plus grande partie des bénéfices que l'on attendait de la mise en service du barrage d'Assouan.

Pour parachever le tableau, un certain nombre de spécialistes prétendent que la perte par évaporation sur toute la surface de l'immense lac Nasser est telle que finalement la quantité d'eau fournie par le superbe barrage moderne n'est guère plus importante que celle que fournit le premier barrage d'Assouan, le « vieux » barrage construit en 1902 et surélevé en 1912 et en 1934.

Il restera bien sûr l'exploitation de l'énergie électrique tant que le nouveau barrage n'aura pas été entièrement comblé par les limons... ce qui ramènera à la situation de départ après beaucoup de peine et d'argent dépensés pour déclencher un festival de calamités.

La passion du suicide

Il n'a pas suffi à l'homme de s'attaquer à la constitution physique du globe, il s'est attaqué aux animaux et, là aussi, son action dévastatrice a été d'une parfaite efficacité : 150 espèces animales ont disparu au cours des trois derniers siècles, plus de 200 sont actuellement menacées d'extinction.

Enfin l'homme, ne négligeant rien de ce qui pouvait être humainement entrepris, s'est attaqué à lui-même : guerres, crimes, massacres, génocides, son histoire n'est qu'un long festival d'autodestructions en tout genre. L'homme qui, dès l'instant de sa naissance s'achemine vers la mort, semble, depuis que sa race existe, animé du désir de précipiter sa fin. Il a la passion du suicide. Outre la bombe atomique et autres procédés de guerre perfectionnés, la civilisation lui a fourni un moyen à la fois pacifique et infaillible : la pollution. Celle-ci est l' « arme secrète » grâce à quoi vont peut-être se réaliser de la façon la plus surprenante les prédictions des prophètes que les générations se transmettaient comme de respectables curiosités mais, au fond, sans y croire.

Depuis quelques années, dans tous les pays, des milliers d'ouvrages, de rapports, des centaines de congrès, de séminaires ont été consacrés à cet envahissement de notre globe par les déchets de notre industrie, par les résidus de notre surconsommation.

La menace n'est plus aussi lointaine et imprécise que les optimistes se plaisaient à l'affirmer. Au début de 1972, plusieurs milliers de personnes ont été empoisonnées en Irak pour avoir mangé du blé et de l'avoine traités avec un produit antiparasitaire. En 1969, des milliers de poissons ont été tués dans le Rhin : il avait suffi d'une quantité minime d'un pesticide jeté dans un égout et s'ajoutant à la masse de résidus industriels, chimiques, d'eaux d'évacuation de toutes sortes qui font du Rhin un des fleuves les plus pollués du monde, pour atteindre le point de saturation et faire du « bouillon malsain » un « bouillon de mort ».

En juillet 1973, des milliers de poissons ont également péri dans la Seine, à Paris, simplement parce que la température de l'eau s'était élevée de quelques degrés. Les poissons ne trouvant plus l'oxygène nécessaire dans le fond du fleuve — un peu moins immonde que la partie supérieure — se sont rapprochés de la surface et sont tombés dans le « dépotoir » des détritus, huiles, suies ou autres excréments rejetés par les bateaux et par l'ensemble de la ville. Ils n'y ont pas résisté et ont été asphyxiés.

La même asphyxie guette les êtres humains.

La cote d'alerte est dépassée

En décembre 1930, une partie de la Meuse, en Belgique, fut soudain noyée dans un brouillard épais, pestilentiel, qui subsista pendant près d'une semaine. Dans cette vallée particulièrement encaissée et où sont entassées les installations industrielles, la nappe toxique atteignit une telle densité que la plupart des habitants ressentirent des symptômes d'asphyxie. Une soixantaine de personnes moururent, plusieurs centaines furent gravement atteintes et il leur fallut plusieurs mois pour se remettre. Ce brouillard avait simplement été provoqué par un brusque adoucissement de la température, sans le moindre souffle de vent, qui avait condensé la vapeur d'eau de l'atmosphère et emprisonné en même temps toutes les déjections gazeuses des usines de la région. En 1948, un accident du même genre se produisit dans une cité industrielle près de Pittsburgh, aux Etats-Unis : il y eut 27 morts. A Londres, le brouillard cause chaque hiver une recrudescence des grippes, des malaises respiratoires, des asphyxies par anhydride sulfureux et de nombreux décès. A Los Angeles, dont le paradis d'Hollywood n'est qu'un faubourg, on estime que quelque trois millions et demi de voitures rejettent dans l'air plus de quatre millions de litres d'essence non brûlée s'ajoutant aux quelques centaines de tonnes de polluants divers qui retombent chaque jour sur la ville. Le « smog », invention de Los Angeles, bat largement son petit cousin, le « fog » londonien.

A Paris, la pollution de l'air a dépassé la cote d'alerte. A Tokyo, elle est telle que les agents de la circulation ne peuvent rester plus de quatre heures en poste dans la rue sans aller se reposer à la station de police la plus proche, véritable « station-service » où on leur fait respirer de l'oxygène pur pour leur permettre de se nettoyer les poumons et le sang. Des distributeurs automatiques d'oxygène sont également à la disposition des passants dans certains magasins. Lorsque la nappe de vapeurs délétères qui flotte au-dessus de la ville devient particulièrement dangereuse, un système d'alerte avertit la population afin qu'elle se mette à l'abri : une véritable « alerte aux gaz », comme si l'on était en pleine guerre. Et c'est, en effet, la guerre, une guerre à outrance... entre l'homme et sa propre industrie. On a calculé que, sur Tokyo, tombaient chaque mois environ 34 tonnes de crasse par kilomètre carré. Certains parents nippons prévoyants envoient leurs enfants en classe munis de masques à gaz. Il n'est pas impossible que, vers 1980, tous les habitants de la ville soient dans l'obligation de porter ce masque en permanence.

Les océans, poubelles de la planète

Non seulement les fleuves et les rivières sont de plus en plus pollués mais aussi bien les lacs, les mers, les océans. L'un des cinq grands lacs des Etats-Unis, le lac Erié, dans cette Pennsylvanie qui doit son nom au quaker Penn et aux épaisses forêts qui couvraient autrefois cette région sauvage, contenait déjà en 1968 près de 85 000 tonnes d'azote : 40 000 tonnes environ provenant des engrais déversés sur les terrains riverains et 45 000 tonnes provenant des égouts publics ou privés. On estimait que, par suite de cette énorme addition de polluants, les eaux du lac avaient « vieilli » de 15 000 ans en moins d'un siècle.

Ce que l'homme a pu déverser et continue de déverser dans la mer est inimaginable. Tout le monde a en mémoire la catastrophe du *Torrey Canyon* qui, en mars 1967, s'échoua sur des récifs, au sud de la Cornouaille, et dont la cargaison de pétrole brut se répandit le long des côtes d'Angleterre et de France, causa des milliards de francs de dégâts. Le *Torrey Canyon* avait rejeté 110 000 tonnes de pétrole brut et le monde éberlué apprit à cette occasion que, chaque année, les pétroliers, simplement pour le nettoyage de leurs citernes, rejetaient à la mer plus de 3 millions de tonnes de « marée noire » qui, à travers le globe, polluaient ainsi en toute discrétion quelque 3 600 000 kilomètres carrés d' « étendue bleue », près du huitième de la surface des mers et des océans.

En dehors du pétrole, sont déversés dans les mers tous les déchets des villes, usines et installations de toutes sortes charriés par les fleuves, les détergents, les pesticides, les poussières, débris de métaux, de matières organiques en décomposition, des bacilles, virus, bactéries, agents infectieux de toute nature, des résidus radio-actifs, du plomb provenant des gaz d'échappement des voitures, du mercure, du cadmium, du titane, des solvants utilisés dans diverses industries, sans oublier une partie importante des engrais agricoles. (On estime que le tiers seulement des engrais mis dans le sol y demeure et agit, le reste est enlevé par ruissellement, ou bien souille les nappes profondes et, de toute façon, se trouve dilué dans la masse générale des eaux.)

Au total, près de 500 000 substances ou micro-organismes toxiques différents sont déversés dans la mer et en font peu à peu le réservoir de toutes les pollutions du globe.

Les sept bols de l'Apocalypse

Cette pollution atteint entre autres les diatomées, ces algues microscopiques qui forment une partie du plancton flottant à la surface des océans, plancton dont se nourrissent la plupart des poissons. Les diatomées, activées par les rayons du soleil, absorbent le gaz carbonique contenu dans l'air et en libèrent l'oxygène. Autrement dit, par cette respiration « à l'envers », elles renouvellent notre air respirable de la même façon que les arbres et les espaces verts mais ceci dans des proportions plus grandes encore. En effet, grâce aux diatomées, c'est pratiquement toute la surface des océans qui travaille à réoxygéner l'atmosphère et si, par la pollution, le plancton se trouve détruit, c'est toute notre planète qui, à brève échéance, sera privée d'oxygène.

Il semble que l'on soit arrivé à la fin de l'ouverture des sept sceaux de l'Apocalypse, au moment où apparaissent les sept anges porteurs des sept plaies contenues dans les sept bols pleins de la fureur de Dieu :

« Le premier s'en est allé verser son bol sur la terre et ç'a été un ulcère mauvais et pénible sur les hommes qui ont la marque de la bête et se prosternent devant son image.

« Le deuxième a versé son bol sur la mer, et ç'a été du sang comme d'un mort, et toute vie qui était dans la mer est morte.

« Le troisième a versé son bol sur les fleuves et les sources des eaux, et ç'a été du sang. »

Ces bols empoisonnés, une fois de plus c'est l'homme qui les a soigneusement préparés avant de les verser lui-même sur la terre et sur les eaux.

Son exploit le plus réussi dans le genre est peut-être celui du D.D.T.

Le « miracle » du D.D.T.

C'est en 1874 que le chimiste alsacien Ziedler avait obtenu par synthèse le D.D.T. mais ce n'est qu'en 1940 que le chimiste suisse Paul Müller mit en évidence ses propriétés insecticides. Le produit fut alors lancé dans le commerce sous le nom impérial de *Césarol.* Ce fut aussitôt la découverte miracle, la merveilleuse panacée qui permettait de détruire tous les parasites, d'enrayer toutes les épidémies, de nettoyer des régions entières infestées de moustiques, d'insectes déprédateurs de récoltes, etc. Bref, grâce au D.D.T., la nature était enfin purifiée, le genre humain débarrassé de presque tous ses ennemis et le Prix Nobel allait à juste titre couronner l'inventeur de la poudre prodigieuse.

Et puis on s'est aperçu qu'une fois répandu quelque part, le D.D.T., comme la tache de sang de Lady Macbeth, ne s'en va plus. Plus exactement, s'il nous arrive d'en absorber une petite quantité simplement en respirant, cette substance se fixe dans notre organisme et n'est pas éliminée. Si nous mangeons des fruits, des légumes qui ont été traités au D.D.T., du poisson qui s'est imprégné de ce D.D.T. désormais en suspension dans toutes les eaux, chaque nouvelle dose s'ajoute aux précédentes et augmente la concentration du poison dans nos cellules. Ainsi chaque jour l'homme est un peu plus empoisonné par les innombrables « retours » du bon ange purificateur qu'il a expédié dans la nature. Le D.D.T., quand il atteint une concentration suffisante, agit sur le cerveau, il provoque des hallucinations, des troubles de mémoire, il perturbe les fonctions cardiaques, hépatiques, sexuelles, il est également, semble-t-il, cancérigène... Ce qui constitue un petit ensemble assez réconfortant.

La nature elle-même tend à être entièrement infectée par le produit miracle. On a trouvé du D.D.T. dans le corps de phoques perdus sur des banquises du grand Nord, ou d'aigles vivant sur les plus hauts sommets du globe. Aucune zone de pureté n'est à l'abri du « grand purifiant ».

Au Japon, dans certaines contrées de l'Amérique du Nord, il est recommandé de ne pas manger de poisson, tant celui-ci est chargé de pesticides et d'autres polluants. Aux Etats-Unis, les médecins conseillent aux jeunes mères de ne pas allaiter leurs enfants pour ne pas leur transmettre un poison qu'à leur tour ils ne pourront pas éliminer.

Un univers d'« épaves »

La pollution se manifeste partout et sous les formes les plus diverses. Dans nos campagnes — phénomène à peu près inconnu il y a seulement une vingtaine d'années — s'entassent des « épaves » de plus en plus nombreuses : carcasses de voitures accidentées, abandonnées par leurs propriétaires. Elles attristent et salissent le paysage, elles souillent notre vue, autant que ces « cimetières de voitures » qui déshonorent les abords des villes et des villages les plus pittoresques. Ce ne sont d'ailleurs pas les seules épaves qui encombrent nos campagnes : décharges publiques, maisons en ruine, usines abandonnées, terrils, crassiers, voies ferrées hors d'usage, hangars désaffectés, une lèpre de rouille, de pourriture ne cesse de s'étendre dans les pays dits civilisés, sorte de préfiguration de la décomposition générale.

Chaque jour la presse nous apporte de nouveaux éléments qui confirment cette dégradation. Voici deux informations au hasard :

« Juin 1973 — Rio de Janeiro — La pollution des eaux de la baie — l'un des sites touristiques les plus célèbres du monde — a atteint un tel degré qu'une île flottante de détritus de 80 mètres de long vient de se former à l'embouchure du port. Selon les spécialistes, l'île artificielle est le résultat du dragage déficient de la baie qui, de l'aveu même des services municipaux, reçoit *chaque seconde* 7 mètres cube d'eaux d'égouts, 3 mètres cube de déchets industriels et 15 kilos d'ordures ménagères, sans compter les eaux de quelque quarante rivières toutes polluées.

« Près de 5 000 industries sont installées sur les rives de la baie et le degré de pollution de ces eaux, autrefois limpides, a déjà éliminé près de 50 pour 100 de sa faune. »

Le serpent marin de Nouméa

A quelques jours de là, les journaux publiaient des échos sur le dernier tournage du film sous-marin effectué par le commandant Cousteau et son équipe de la *Calypso,* à Nouméa, en Nouvelle-Calédonie. Voici ce qu'en disait *Le Figaro :*

« Le lagon, qui fut l'un des plus beaux du monde, est encombré de déchets, de scories, de débris qui étouffent et salissent la vie marine. Les têtes de coraux arrachées, bouleversées, entassées, agonisent sous le soleil. La mer est malade. Les dépôts des mines de nickel couvrent le fond. Ils sont toxiques même pour l'holothurie qui passe cependant pour résistante. L'empoisonnement commence par les plus petites espèces : les crustacés, les oursins. Les toxines se concentrent dans leurs corps. Les prédateurs qui les mangent sont atteints à leur tour. La pollution se propage ainsi à tous les échelons de la vie.

« En Nouvelle-Calédonie, le monde des coraux qui fut jadis le berceau de la vie, n'est plus qu'un cimetière, mais ce cimetière est hanté par un survivant sinistre, dangereux : un serpent marin qui ondule parmi les cadavres d'éponges, d'algues, de coraux. »

Ce serpent marin est le seul capable de survivre dans cette eau empoisonnée car il respire en surface. Sa morsure est mortelle : son venin est, paraît-il, dix fois plus actif que celui du cobra et une seule dose est suffisante pour tuer trois hommes.

Le serpent de Nouméa n'évoque-t-il pas l'ancien dragon des légendes que quelque esprit démoniaque aurait fait resurgir du fond des temps pour annoncer la fin du monde et peut-être la précipiter ?

Le fléau de la surpopulation

L'augmentation incessante de la pollution est due évidemment à l'accélération de la production, puis de la consommation qui entraîne l'élimination de déchets de plus en plus abondants. Ce processus est lui-même entraîné par l'augmentation de la population.

Selon certaines estimations — et là, il s'agit si j'ose dire de « navigation à l'estime » dans les brouillards de la protohistoire — il y a dix ou douze mille ans, la population du globe aurait été d'environ cinq millions d'individus du type homo sapiens. Au début de l'ère chrétienne, la population terrienne était passée à 200 millions, vers l'an 1000 elle dépassait 300 millions et c'est en 1850 qu'elle atteignait le milliard. En 1900, elle était d'un milliard et demi, de 2 milliards en 1930, de 3 milliards en 1960 et de 3 milliards 590 millions en 1970.

Donc l'humanité, après avoir mis plus de 10 000 ans (peut-être même 50 000 ans) à atteindre son premier milliard, n'a mis que 80 ans à atteindre le second, puis 30 ans à atteindre le troisième. Si l'accélération se continue à ce rythme, nous serons au quatrième milliard en 1976 et, en l'an 2000, les sept milliards auront été largement dépassés. A ce moment, la production devrait avoir en principe au moins doublé. Mais, si l'on songe à la masse des déshérités des pays dits en voie de développement, qui souhaitent eux aussi profiter des bénédictions de la surconsommation et entasser dans leurs cases, gourbis, cagnas, isbas, igloos ou sinistres H.L.M. exotiques, toutes les inutilités ménagères ou gadgetières devenues indispensables à l'homme moderne, cette production aura facilement triplé ou quadruplé. La consommation également triplée ou quadruplée provoquera un flot de plus en plus envahissant de déchets et une monstrueuse extension de la pollution. Ce sera l'apothéose de l'Apocalypse.

Le mal du « plus »

A moins que toutes les réserves d'énergie, d'aliments ayant été absorbées par cette surpopulation, la surconsommation fasse brusquement place à une famine universelle, une famine comme l'humanité n'en a jamais encore vue et un effondrement total de notre civilisation dans un affrontement sanglant, au corps à corps, des *homines sapientes* réduits à l'état de bêtes fauves et s'entre-déchirant avant de s'entre-dévorer pour tâcher de vivre un instant de plus.

La sagesse serait pour l'homme de savoir se limiter : se limiter dans son désir de vouloir toujours faire plus et plus grand, de vouloir posséder plus et plus beau, ou plus neuf, de vouloir aller toujours plus loin, plus vite... L'humanité souffre du mal du « plus ».

Pour commencer, les « bipèdes raisonnables » auraient intérêt à renoncer à vouloir s'entasser de plus en plus nombreux sur un globe non extensible où doivent coexister quelque trois millions d'espèces vivantes allant de la plus grosse à la plus microscopique. Si une seule de ces espèces s'était laissée proliférer comme le fait l'espèce humaine, aucune autre n'aurait pu subsister et l'homme lui-même aurait été exterminé sans doute dès son apparition. Trois millions d'espèces moins une ne sont pas dotées d'une intelligence créatrice comme la nôtre mais elles ont un instinct qui leur permet, soit de freiner elles-mêmes leur expansion, soit de se soumettre aux accidents parfaitement organisés de la nature qui évitent les proliférations intempestives et maintiennent l'équilibre du monde vivant. Une seule espèce qui se prétend détentrice de toute intelligence va-t-elle causer la ruine d'un édifice si bien organisé — et sa propre ruine par la même occasion ?

Le christianisme aurait d'abord retardé l' « écroulement »...

Dans une enquête sur la « croissance » publiée au début de 1973 par *l'Expansion,* l'économiste Jean Denizet pense que le christianisme a retardé l'« écroulement terrestre » qui nous menace et qui aurait déjà pu se produire, il y a près de 2 000 ans.

Le Grand Siècle de Rome, le siècle d'Auguste, on le sait, est considéré comme l'âge d'or de la culture latine dans le domaine des lettres et des arts. Jean Denizet affirme que, dès cette époque, les sciences avaient fait également des progrès considérables. « L'humanité possédait tout ce qui était nécessaire pour réaliser un développement technique du type de celui qui ne commença qu'au XVIIIe siècle. »

Ce n'est pas impossible surtout si l'on admet que les Romains, après avoir conquis la Grèce et l'Egypte, avaient pu puiser aux sources la quintessence des connaissances des civilisations d'avant le ou les déluges. Mais comment se fait-il que ce progrès ait été brusquement stoppé et que tout l'acquit scientifique ait été à peu près « oublié » jusqu'à la fin du Moyen Age ?

Ce serait le christianisme naissant qui, comprenant le danger d'une évolution trop rapide, aurait tenté de sauver l'humanité en lui enseignant le mépris des biens de ce monde, la limitation de toute connaissance aux seuls principes admis par l'Eglise et l'horreur du péché de chair. La nouvelle religion aurait ainsi freiné en même temps l'expansion économique, la recherche scientifique et la multiplication inconsidérée des naissances, les trois fléaux majeurs de notre actuelle civilisation.

... puis aurait étrangement renoncé

Ce n'est qu'après la Réforme et la Renaissance, quand les fidèles ont commencé à se libérer des garde-fous imposés par l'Eglise, que l'humanité a pu reprendre sa course aveugle vers l'abîme.

Explication intéressante, ingénieuse qui, dans une certaine mesure, excuserait l'attitude si souvent rétrograde des autorités ecclésiastiques, la fourberie et la cruauté sadique des épurateurs de l'Inquisition. Mais, dans ce cas, on se demande pourquoi l'Eglise catholique d'aujourd'hui, pape en tête, se montre si hostile à la limitation des naissances, à la contraception, à l'avortement libre, à la suppression des nouveau-nés monstrueux, toutes mesures saines qui tendraient à rétablir chez l'homme l'équilibre normal de la nature tel qu'il existe chez les autres animaux, et à éviter cette surpopulation superpolluante qui nous mène droit à la catastrophe.

A moins que l'Eglise, regrettant sa splendeur passée et son monopole perdu de la direction des hommes, préfère voir le monde périr plutôt que d'échapper à son contrôle, et emploie ses dernières forces à accélérer la venue de l'Apocalypse.

Ce qu'il faut pour détruire le monde

Parmi les mille et un procédés soigneusement mis au point par l'homme pour se détruire soi-même, celui qui paraît de loin le plus agréablement efficace est la bombe atomique. C'est le chef-d'œuvre définitif, le couronnement de longs siècles de recherche passionnée aboutissant enfin à la réalisation la plus parfaite, la plus triomphale : la sublimation des êtres dans une lumière de vérité, la transmigration et le détachement total rêvés par toutes les philosophies, l'anéantissement de la création dans la béatitude du nirvâna, obtenus par une simple réaction en chaîne.

Si des considérations métaphysiques nous passons à un examen concret, les conclusions sont aussi satisfaisantes. Les autorités militaires américaines ont minutieusement étudié — sur le papier — les effets d'une attaque atomique d'envergure lancée contre les Etats-Unis. Il suffirait de 500 bombes de 10 mégatonnes pour détruire à 100 pour 100 l'équipement portuaire et l'ensemble des raffineries de pétrole et, à 90 pour 100, l'industrie lourde du pays. Ces 500 bombes lancées sur les principales zones industrielles extermineraient en outre 160 millions d'individus, soit 60 pour 100 de la population. Un « arrosage » d'environ 2 000 bombes de 10 mégatonnes permettrait, par suite des retombées, de détruire 98 pour 100 du bétail et plus de 91 pour 100 des récoltes. Tout le monde ne mourrait pas immédiatement mais « tous seraient frappés » et les survivants, réduits à l'état de cadavres ambulants, seraient en proie à la famine et à toutes sortes d'épidémies. Ils sombreraient rapidement, comme les rescapés des fins du monde d'il y a 10 000 ans ou plus, dans la folie ou le crétinisme.

Ces supputations ne sont pas le fait de romanciers de science-fiction ou de fonctionnaires à l'esprit détraqué. Elles sont le résultat d'examens raisonnés de la situation internationale et de prévisions également raisonnées des réactions éventuelles de différents pays possédant l'arme atomique — pays qui d'ailleurs, par représailles automatiquement déclenchées, s'exposeraient aux mêmes inconvénients. En cas d'un mouvement d'impatience mal contrôlé ou même d'une fausse manœuvre d'un côté ou de l'autre, une grande partie de l'humanité se trouverait ainsi proprement détruite sans avoir eu le temps de se demander pourquoi.

L'arche de Noé volante de Washington

L'état-major américain a prévu depuis longtemps une « arche de Noé volante » qui, si un cataclysme nucléaire devait se produire, recueillerait le président des Etats-Unis, ses principaux conseillers, le ministre de la Défense, les grands chefs de l'armée et un certain nombre de savants et de techniciens.

Primitivement cette élite destinée à diriger de haut la défense ultime et la survie du pays, devait s'envoler à bord de trois Boeing 707 toujours prêts à décoller non loin de la Maison Blanche.

En fin 1972, ce dispositif a été jugé insuffisant. Désormais ce sont sept appareils géants munis des systèmes de protection et de communication les plus perfectionnés qui constitueront le centre de commandement et de gouvernement mobile des Etats-Unis dans l'éventualité d'une guerre atomique.

Tout est prêt pour la fin de notre monde : les hommes ont déjà prévu les « Elohim » des mondes à venir.

Ajoutons que les armes nucléaires qui promettent des lendemains si spectaculaires ne sont rien à côté de certaines armes biologiques. Sans avoir besoin de s'encombrer de quelques milliers de mégatonnes de bombes atomiques, il suffirait de 500 grammes de toxine botulique judicieusement répandus pour exterminer toute la population du globe. Apocalypse aussi discrète que rapide.

12.

Le point d'interrogation

La fin du monde est-elle pour demain ? Et quelle est, parmi les diverses fins qui nous menacent, celle que le sort nous réserve ?

Pour les économistes, le processus actuel de croissance industrielle et démographique, la surenchère production-consommation, la surpopulation, la superpollution, l'accélération vertigineuse du progrès et de ses inconvénients, ne peuvent pas se prolonger au-delà de 70 ou 80 ans sans aboutir à la catastrophe.

Donc, notre monde, celui dans lequel nous vivons, s'il continue d'évoluer dans le sens de cette croissance forcenée qui ravit tant de politiciens, techniciens et technocrates — curieux petit univers de cerveaux sans cervelle, de prévoyants aveugles, d'orienteurs déboussolés et d'omnipotents impuissants — ne durera guère au-delà de 2040 ou 2050.

Explosera-t-il comme une baudruche trop gonflée ? S'écroulera-t-il comme un château de cartes ? Sera-t-il rasé par le souffle de quelques bombes géantes lancées par des techniciens de génie ou sera-t-il lentement miné, désintégré par des retombées radio-actives ? Sera-t-il dévoré par le virus d'une peste foudroyante qu'auront amoureusement cultivé d'accortes laborantines ? Ou bien un cataclysme naturel, un nouveau déluge le détruira-t-il avant de lui avoir laissé le temps de se détruire lui-même ?

Ni les prophètes, ni les savants, ni les spécialistes des sondages et prévisions en tout genre ne réussissent à se mettre d'accord...

Cela devrait rassurer l'homme de tous les jours, l'homme moyen, le bon citoyen, le bon père de famille, le contribuable honnête et assuré social consciencieux, celui qui ne se sent pas une part de responsabilité dans l'organisation « démente » de notre vie moderne. Pourtant cela ne le rassure pas toujours.

La « grande peur » du Japon

Au début de 1973, plusieurs journaux européens ont rapporté des échos d'une « grande peur » qui sévit au Japon, une peur qui se manifeste un peu dans tous les milieux et qui rappelle étrangement cette « peur de l'an mille » qui secoua autrefois l'Occident.

Les Japonais qui ont fait leur crise de croissance technique bien après les Américains — et à l'imitation de ceux-ci mais bien plus rapidement — ont, en quelques années, dépassé leurs maîtres. Dans le domaine de l'invention, de l'ingéniosité constructive, de la qualité et de la cadence de production, des prix de revient (dus à des conditions de travail inacceptables pour des Occidentaux), dans le domaine aussi de l'imagination commerciale, ils ont battu non seulement les Américains mais les Allemands qu'ils ont peu à peu dépossédés d'un grand nombre de marchés. Ils sont devenus les « fabricants du monde » et, au lieu de se réjouir de leurs succès, ils s'en inquiètent.

Déjà, depuis le début de leur expansion, les plus lucides de leurs politiciens et de leurs hommes d'affaires n'ont cessé de craindre le choc en retour provoqué par une levée de boucliers des groupes industriels américains et européens qui pourraient exiger de leurs gouvernements une sorte de « blocus intercontinental » interdisant tout échange avec le Japon. Il ne faut pas oublier que ce dernier ne peut pas vivre sans exporter massivement ses produits manufacturés et importer aussi massivement non seulement les denrées alimentaires qui lui font défaut mais encore une grande partie des minerais, bases de son industrie.

Mais aujourd'hui les Japonais commencent à éprouver, indépendamment de toute considération commerciale, une inquiétude généralisée, une véritable panique d'autant plus violente qu'elle est intime et à peu près irraisonnée.

Ce triomphe dans le domaine matériel qu'ils ont voulu avec cette obstination, cette ténacité, cette abnégation qui sont la marque de leur génie, leur paraît soudain dans sa démesure comme l'expression d'une vanité stupide, comme une négation de tout idéal noble et généreux, comme une faute énorme contre l'humanité. Une faute dont ils méritent d'être punis.

Les tenants de la tradition, ceux qui se montraient depuis longtemps hostiles à cette industrialisation massive de leur pays « à l'occidentale », n'avaient jamais cessé de protester contre ce qu'ils considéraient comme une violation de la loi des ancêtres, une profanation de la pureté rituelle des corps et des âmes, la négation de ce qu'était de toute éternité le Japon, « un monde de vivants gouverné par le monde des morts ».

Colère divine et « sacs de survie »

Peu à peu les plus modernes en viennent à donner raison à ceux que l'on traitait — respectueusement — de radoteurs. Ils pensent que « ça ne peut pas durer », qu'un châtiment céleste va s'abattre sur eux et leur faire payer une réussite trop insolente. Chaque secousse sismique ressentie chez eux est interprétée comme un signe annonciateur du grand éclat de la colère divine qui va bientôt détruire le Japon tout entier. Si ce n'est pas la terre et la mer qui s'ouvriront pour engloutir le Pays du Soleil Levant, ce sera une pollution gigantesque de l'air, de l'eau et de tous les aliments qui exterminera la race.

Déjà on a remarqué que beaucoup d'oiseaux migrateurs évitaient désormais le Japon et que, dans certaines régions du sud, les vers de terre, les serpents et d'autres animaux fuyaient le voisinage des volcans et des cités industrielles. Les populations des campagnes et des villes ont commencé à faire des provisions de riz, de soja, de thé et de sucre — en évitant les conserves, ces « boîtes de poison ». Dans les supermarchés, on vend des « sacs de survie » qui contiennent des biscuits, des vitamines, un nécessaire de pharmacie, un peu de linge, une lampe de poche, un transistor et un manuel pratique à l'usage des rescapés de la catastrophe.

Partout on s'active à creuser des abris à l'épreuve de l'eau, du feu et de toutes les pollutions. Les favorisés de la fortune jugent plus prudent de prévoir des refuges à l'étranger : toutes les propriétés disponibles en Californie sont, paraît-il, achetées à prix d'or par les représentants des « grandes familles » japonaises — ce qui ne semble pas un choix bien judicieux, la Californie se trouvant elle-même sur une dangereuse ligne de fracture, la faille de San Andreas.

En réalité et en toute logique, cette « grande peur nippone » devrait s'étendre à l'ensemble de l'humanité. Nous sommes tous embarqués à bord du même navire en perdition dansant au-dessus du même volcan qui menace de nous détruire d'un moment à l'autre.

Le retour à la sagesse est-il possible ?...

L'issue fatale peut-elle être sinon évitée tout au moins retardée ?

Imagine-t-on l'homme revenant de l'état « faber » à l'état « sapiens » et, soudain devenu réellement « sapiens-sage », renonçant à surproduire, à suramasser, à surconsommer ? L'imagine-t-on limitant ses désirs à ses besoins essentiels, refusant le superflu et refusant même de le souhaiter ?

Peut-on concevoir un ensemble de gouvernements, soucieux de l'avenir de leurs administrés, supprimant dans le monde entier les allocations familiales, établissant un impôt progressif sur le nombre d'enfants procréés, accordant des primes à l'avortement et à l'homosexualité, tout cela afin de réduire la natalité, avec la bénédiction des autorités religieuses qui préféreraient sagement la qualité humaine à la quantité ? Et ces mêmes gouvernements détruisant, pour les besoins de la défense universelle et de l'encouragement à la race humaine, tous les armements nucléaires ou autres, remplaçant l'étude par le rêve, le travail par le loisir obligatoire et déclarant le progrès hors-la-loi s'il n'a pas pour but unique le bonheur de l'homme, un bonheur distribué gratuitement ?

Il suffit de poser ces questions pour, connaissant les hommes et ceux qui les dirigent, pressentir la réponse.

Dans l'Antiquité, les peuples donnaient tort aux prophètes de malheur parce qu'ils les écoutaient, leur faisaient confiance et savaient éviter les maux annoncés [1].

Aujourd'hui, paradoxalement, les hommes ne croient plus aux prophètes, en même temps qu'ils s'ingénient à leur donner raison en allant au devant des catastrophes promises au lieu d'essayer d'y échapper.

... *ou l'intelligence est-elle la pourriture finale ?*

L'accélération du progrès serait-elle aussi celle de l'inconscience, de la bêtise ? Les excès d'une intelligence orientée presque exclusivement vers la recherche scientifique et son exploitation la plus rentable, d'une intelligence hypnotisée par le palpable et le mesurable, aboutiraient-ils à la négation de cette même intelligence ?

Ou bien sommes-nous en présence d'une évolution naturelle, irréversible ? Il y a un moment où, inévitablement, la fleur se fane, où le fruit se détache de l'arbre, tombe et pourrit, où l'arbre lui-même meurt et se décompose. L'intelligence n'est-elle pas, comme la fleur qui se fane, comme le fruit qui a dépassé la maturité, l'aboutis-

1. Cassandre qui voyait juste mais en qui — par une sorte de malédiction — personne ne croyait, fait exception à la règle.

sement suprême de la vie, c'est-à-dire la décomposition finale de la matière ?

La naissance de l'intelligence qui, dans l'histoire de notre planète, s'est produite à la fin de l'évolution végétale et animale, serait donc à la fois le couronnement et le pourrissement de cette évolution — analogue à cette « pourriture noble » des raisins de Bordeaux qui donne les vins les plus subtils. Il est normal que cette intelligence qui a pour terme la désagrégation, la pourriture totale, soit amenée à provoquer cette fin de tout inscrite dans sa destinée.

Si par hasard cette idée se révélait fausse, si l'homme était capable d'enrayer les maux engendrés par sa propre intelligence, que pourrait-il faire contre les catastrophes géologiques ou cosmiques qui le guettent ?

Les « fièvres » de la planète, les convulsions de notre Soleil ou même de la galaxie sont les grands purificateurs de l'univers qui, en dehors de toute colère divine et toute erreur terrestre, sauront mieux que quiconquc et dans quelques circonstances que ce soit, ramener l'humanité à la raison, c'est-à-dire au néant.

Il reste pour certains un espoir incertain

Pour les croyants convaincus et les incroyants hésitants — ceux qui croient sans vouloir l'avouer ou qui, ne croyant pas à la religion des autres, croient tout de même à « quelque chose » —, la question de la colère divine reste posée.

Y répondre par l'affirmative est la solution facile qui a l'avantage de tout simplifier, de tout expliquer et, dans une certaine mesure, de rassurer. C'est le grand Incertain qui élimine l'Incertitude. Les convulsions du cosmos ne sont plus alors des accidents imprévisibles, inéluctables, mais des châtiments commandés par un Esprit supérieur, un Cerveau tout-puissant qui les dose à volonté suivant nos mérites et peut les interrompre si nous savons invoquer et justifier sa clémence.

Dans ce cas, la fin du monde annoncée par les prophètes sacrés ou laïques, par les pronostiqueurs scientifiques, ne serait qu'une fin du monde provisoire, la fin de notre monde actuel, aussitôt suivie du commencement d'une ère nouvelle.

Que serait celle-ci ? Le Millenium tant attendu, le second Age d'Or d'une humanité miraculeusement revenue à l'innocence biblique primitive ? Ou bien l'apothéose de la civilisation de l' « artificiel » : le temps du loisir total, du bonheur techniquement parfait, organisé et surveillé par des ordinateurs omnipensants ? Ou encore le retour à une sorte de Moyen Age où les savants, considérés comme sorciers, seraient joyeusement brûlés avec toutes leurs inventions, où les tours de magie de la technique seraient laissés aux amuseurs de foire, où l'humanité recommencerait à se nourrir avec délice de poésie et de croyances populaires, de mysticisme et de saines superstitions, d'épopées exaltantes, de contes d'ogres et de fées, de légendes et de mystères à la fois terrifiants et merveilleux. Certains prétendent que nous sommes déjà à l'orée de ce nouveau Moyen Age : il nous manque seulement de retrouver la joie de vivre des sous-développés qui manquent de tout mais n'ont besoin de rien parce qu'ils ont le rare bonheur d'être préservés des tentations illusoires de la surconsommation.

Enfin, la résurrection de l'espèce pensante pourrait être tout bonnement une réédition de l'Age de pierre, telle que l'envisage Vachet de Laponge :

« Les temps derniers reverront les hommes affranchis de toute civilisation, rendus à la liberté élémentaire, nicher dans les cavernes, emprunter leur pardessus aux hôtes de la forêt, s'inviter aux repas des sangliers et des loups. Il ne se verra plus qu'une inégalité entre les hommes, une seule : l'inégalité de celui qui est à la broche et de celui qui la tourne. Dies irae ! »

Optimisme ou pessimisme ?

N'étant pas de la famille des Cassandres, n'ayant pas non plus les dons poétiques de Nostradamus et de ses émules, je ne me risquerai pas à prophétiser à mon tour. « Il semble, dit Jean Rostand [1], que l'intelligence humaine place l'homme en face de problèmes qu'il sera bien empêché de résoudre par la seule intelligence. »

La seule conclusion raisonnable à cette petite étude des lendemains possibles de notre civilisation me paraît être cette opinion de E.M. Cioran : « Une civilisation débute par le mythe et finit dans le doute. »

Mais, si je devais absolument faire un choix parmi les diverses voies qu'ouvre le doute, je me rallierais plutôt à cette autre pensée de Jean Rostand : « Je me sens très optimiste quant à l'avenir du pessimisme. »

1. *Carnet d'un biologiste,* Stock.

Table

1. *Demain la fin du monde ?* 11

L'an 2000, terme fatidique, 12. — L'aventure du progrès, 13. — D'autres mondes avant nous, 15. — Traîtres et mécréants pour une fois d'accord, 17. — Des milliers de fins du monde, 18. — La saine philosophie des animaux, 19.

2. *Fins du monde d'avant le début de celui-ci* 23

Il y a 12500 ans, 24. — Le jeu de la légende et de la vérité, 25. — Un colonel anglais sur les traces des premiers hommes, 26. — Le jardin d'Eden, 28. — Plongée vers la sauvagerie, 30. — Sommes-nous au bord de la même plongée ? 31. — Une marée de 4000 mètres et des géants légers, 32. — Titans bienfaisants et Ogres cannibales, 33. — Hoerbiger et son festival de Lunes, 34. — Cet Age d'or où la Terre se tenait droite, 35. — Un Tarzan au cerveau vide, 36. — Hyperborée au royaume de Thulé, 38. — Les Lapons, descendants des chasseurs du Périgord, 39. — Le pays des hommes transparents, 40. — La Lune sur la Terre ou la Terre sur la Lune ? 41. — L'Atlantide de Platon, 42. — Punition des dieux ou catastrophe volcanique ? 44. — Quand l'Atlantique n'existait pas, 46. — L'Atlantide et la bombe atomique, 47. — Témoignages de savants : Laplace, Buffon, Bailly, 49.

3. *Déluge biblique et empires disparus* 51

Le mystère d'Elohim, 51. — Un jour de mille ans, 53. — Noé et son zoo flottant, 55. — L'arche, opération des Elohim, 57. — Ivresse et multiplication, 59. — Des « Noé » comme s'il en pleuvait, 60. — Sodome et Gomorrhe, 62. — Nemrod, l'ambitieux constructeur de la tour de Babel, 64. — Des folies de Nabuchodonosor aux festins de Balthazar, 65. — Comment finirent les civilisations du passé, 67. — Le dieu-pharaon immortel, 69. — Un dieu tué par les embaumeurs, 71. — La chute de la première société de consommation, 72. — Un empire inconnu qui dura plus de 3500 ans, 73.

4. *Oracles, sibylles et prophètes* 77

La Grande Pyramide, Bible de pierre, 78. — Le premier astronome, premier géomètre du monde, 79. — 6000 ans d'histoire rôdent dans les couloirs... 81. — ... Mais le doute plane dans les esprits, 82. — La « cuisine » des oracles égyptiens ou grecs, 84. — Prudentes prédictions à la petite semaine, 87. — Les visions de Sénèque et Lucain, 89. — Les prophètes hébreux, marchands de malheur, 90. — Le « temps » de Daniel, 91. — ... et l'infaillibilité de ses prophéties, 92. — Les prophètes : aèdes ou bardes inspirés, 93. — Rencontres et coïncidences, 95. — Les Etrusques connaissaient leur avenir, 97.

5. *De l'Apocalypse à l'an mille* 101

Cette génération ne passera pas, 101. — La fin des temps et la fin de tout, 102. — Apocalypse égale dévoilement, 104. — Au temps du « Néron chauve », 105. — Annonce de la fin de Rome et du nouveau Messie, 106. — Mille ans de félicité, 107. — Quand les bons pères fabriquaient l'enfer, 109. — La grande peur de l'an 1000, 111. — Les signes du ciel et de la terre, 112. L'annonce du Jugement dernier, 114. — Ruée vers les églises, 116. — La trêve de Dieu, 117. — Le roi de France, un saint ; le pape, un diable, 118. — Un empereur de quinze ans, successeur de César et de Charlemagne, 119. — L'exhumation de Charles le Grand, 120. — Tout le monde s'attend à mourir... mais quand ? 121. — Le pape enlevé par le démon, 124. — La « blanche robe » de la chrétienté, 124.

6. Festival de fausses alertes 127

Anges, Antéchrist et croisés, 128. — Le prophète Christophe Colomb, 129. — L'arche du Toulousain Auriol, 130. — Une horrible et épouvantable comète, 132. — Un Antéchrist sous Henri IV, 133. — Les Chevaliers de l'Apocalypse, 134. — Voltaire et la comète de 1773, 135. — Robespierre, le nouveau

Messies, 137. — La fin du monde, vaudeville parisien, 139. — L'Antéchrist : Napoléon ou un « monstre russe » ? 140. — Mille ans de béatitude, 141. — Où il est question de l'an 2000, 142.

7. *Les prophéties des derniers temps* 145

Césaire d'Arles, l'Aigle et la fin de Babylone, 145. — Lucifer déchaîné avant l'an 2000, 147. — La prophétie d'Orval, 148. — Paris-Sodome sera détruit, 149. — Les 111 papes de Malachie, 150. — Devises de fin, 152. — Retour aux « temps » de Daniel, 154. — Comment trouver le « code » ? 155. — 1917 ou 1933 : fin des temps des Gentils, 156. — Est-il possible de prévoir l'avenir ? 158. — Les critères des prophètes, 159. — S'ils lisaient en réalité le passé dans l'avenir ? 160. — On se trompe peu à annoncer le malheur, 161. — L'incorrigible aveuglement des hommes, 162. — L'Eglise et les « sorciers », 163. — Israël est-il le guide du monde, 165. — Délire prophétique et persécutions, 166. — La guerre du pétrole ou l'aberration des Occidentaux, 167.

8. *Nostradamus et Cie* 169

Le bienfaisant médecin des pestiférés, 170. — Naissance des Centuries, 171. — L' « advénement », ultime conflagration, 172. — « Ne donnez pas ces choses saintes aux chiens ! », 173. — La plus grande persécution, 175. — Prophétiques supputations et calculs astronomiques, 176. — Le régime communiste en France... depuis 1948, 177. — Les « jeux d'hécatombe » de la fin du XXe siècle, 181. — Avis aux explorateurs de 2037, 182. — Et si Nostradamus n'était pas l'auteur des Centuries ? 184. — Les Centuries transmises par les Templiers, 185. — Nostradamus, poète futuriste, 187. — Deux agitateurs malchanceux : le fils de Nostradamus et le mathématicien Cardan, 189.

9. *L'engrenage infernal de l'histoire* 191

Du Cancer au Verseau, 192. — 2165 ans : durée d'une civilisation, 193. — Une grande tribulation en 1984, 194. — Rythmes et saissons de l'Histoire, 196. — Les événements parallèles, 197. — Les quatre époques de chaque civilisation, 199. — Ce que nous annoncent les « cycles », 201. — Le monde engendré par le feu doit périr par le feu, 202. — Le mot « civilisation » n'est connu que depuis 1752, 203. — La loi inéluctable de l'évolution des peuples, 204. — Les trois guerres de la fin, 206.

10. *Menaces du Cosmos* 209

Sommes-nous à la merci d'une collision dans l'espace ? 209. — Pluie d'astéroïdes ou rapprochement de la Lune, 210. — De l'ordure sur le « flambeau de l'univers », 211. — Cycles solaires et révolutions humaines, 212. — Un équilibre délicat, 214. — Nous vivons sur une coquille d'œuf, 215. — Recrudescence des tremblements de terre, 216. — Nos continents doivent périr, 218. — Une fin certaine à longue échéance, possible à bref délai, 219.

11. *Ce progrès qui nous tue* 223

Où est la sagesse de l'*homo sapiens* ? 225. — La manie de détruire, 227. — Déjà, il y a 2000 ans, 229. — Barrages et tremblements de terre, 230. — Assouan, la huitième merveille du monde, 231. — La passion du suicide, 233. — La cote d'alerte est dépassée, 235. — Les océans, poubelles de la planète, 236. — Les sept bols de l'Apocalypse, 238. — Le « miracle » du D.D.T., 239. — Un univers d' « épaves », 240. — Le serpent marin de Nouméa, 241. — Le fléau de la surpopulation, 243. — Le mal du « plus », 244. — Le christianisme aurait d'abord retardé l' « écroulement »... 245. — ... puis aurait étrangement renoncé, 246. — Ce qu'il faut pour détruire le monde, 247. — L'arche de Noé volante de Washington, 248.

12. *Le point d'interrogation* 251

La « grande peur » du Japon, 252. — Colère divine et « sacs de survie », 254. — Le retour à la sagesse est-il possible ?... 255. — ... ou l'intelligence est-elle la pourriture finale ? 256. — Il reste pour certains un espoir incertain, 257. — Optimisme ou pessimisme ? 258.

ACHEVÉ D'IMPRIMER SUR LES PRESSES DE
L'IMPRIMERIE AUBIN 86 LIGUGÉ / VIENNE
LE 25 MARS 1974

D. L., 2e trim. 1974. — Edit., 5192. — Impr., 7553.

Imprimé en France